Dionis Castro Cabeza

**Extração de dados**

Dionis Castro Cabeza

# Extração de dados

## Introdução à extração de dados

ScienciaScripts

**Imprint**

Any brand names and product names mentioned in this book are subject to trademark, brand or patent protection and are trademarks or registered trademarks of their respective holders. The use of brand names, product names, common names, trade names, product descriptions etc. even without a particular marking in this work is in no way to be construed to mean that such names may be regarded as unrestricted in respect of trademark and brand protection legislation and could thus be used by anyone.

Cover image: www.ingimage.com

This book is a translation from the original published under ISBN 978-613-9-05898-3.

Publisher:
Sciencia Scripts
is a trademark of
Dodo Books Indian Ocean Ltd. and OmniScriptum S.R.L publishing group

120 High Road, East Finchley, London, N2 9ED, United Kingdom
Str. Armeneasca 28/1, office 1, Chisinau MD-2012, Republic of Moldova, Europe
Printed at: see last page
**ISBN: 978-620-7-78584-1**

# Extração de dados

Dionis Castro Cabeza

# Conteúdo


1.  Introdução ...........................................................................4

1.1.  Definição de Data Mining ..............................................6

1.2.  Importância da extração de dados ..................................6

1.3.  Aplicações de extração de dados ...................................8

2.  Fundamentos da extração de dados ...................................10

2.1.  Conceitos de base...........................................................11

2.2.  Processo de extração de dados ......................................12

2.3.  Técnicas e algoritmos utilizados ....................................13

3.  Preparação dos dados .........................................................15

3.1.  Recolha de dados.............................................................16

3.2.  Limpeza de dados ............................................................17

3.3.  Transformação de dados .................................................22

3.4.  Integração de dados ........................................................23

4.  Análise exploratória de dados ............................................24

4.1.  Estatísticas descritivas ....................................................26

4.2.  Visualização de dados......................................................27

4.3.  Análise de correlação ......................................................28

5.  Modelação de dados ...........................................................30

5.1.  Seleção de variáveis.........................................................31

5.2.  Métodos de modelação....................................................33

5.3.  Avaliação do modelo .......................................................34

6.  Avaliação e validação do modelo .......................................35

6.1.  Métricas de avaliação.......................................................36

6.2.  Validação cruzada............................................................37

6.3 Sobreajustamento e subajustamento ...............................37

7.  Aplicação de modelos de extração de dados ......................38

7.1 Previsão e classificação.......................................................38

7.2 Agrupamento e segmentação .............................................40

7.3 Associação de regras ..........................................................41

8.  Considerações éticas e jurídicas .........................................41

9.1 Privacidade dos dados .........................................................42

Responsabilidade e transparência...........................................43

9.3 Conformidade regulamentar ........................................................... 44

Referências ....................................................................................... 46

Introdução

A extração de dados é uma técnica assistida por computador utilizada na análise para processar e explorar grandes conjuntos de dados.

É uma disciplina que combina técnicas de Inteligência Artificial, Aprendizagem Computacional, Probabilidade, Estatística e Bases de Dados para extrair informações e conhecimentos úteis de grandes quantidades de dados.

O seu objetivo é detetar padrões consistentes de comportamento ou relações entre diferentes campos de uma base de dados, a fim de os aplicar a novos conjuntos de dados.

A extração de dados pode ser definida como um processo analítico, concebido para explorar grandes quantidades de dados, com o objetivo de encontrar relações entre diferentes variáveis, a fim de as aplicar a novos conjuntos de dados.

Existem várias definições para o conceito de Data Mining, mas a sua essência baseia-se no conceito de pesquisa de informação armazenada para descobrir elementos úteis a partir de grandes quantidades de dados armazenados.

A prospeção de dados pode ser aplicada a diferentes áreas, como o marketing, a saúde, a indústria, entre outras. No marketing, por exemplo, pode ser utilizado para segmentar mercados, prever tendências ou personalizar ofertas.

Nos cuidados de saúde, pode ser utilizado para prever doenças, melhorar os cuidados médicos ou desenvolver novos tratamentos.

Na indústria, pode ser utilizada para melhorar a qualidade dos produtos, otimizar processos ou prever falhas.

A extração de dados pode ser realizada utilizando diferentes algoritmos, tais como Redes Neuronais, Árvores de Decisão, Indução de Regras, K-Nearest Neighbour, Regressão Logística, entre outros.

Estes algoritmos podem ser aplicados a diferentes tipos de dados, tais como dados numéricos, dados categóricos ou dados mistos.

A prospeção de dados pode ser utilizada no processo de descoberta de conhecimentos em bases de dados, que consiste em várias fases, como a seleção de dados, a preparação de dados, a seleção de modelos, a avaliação de modelos e a visualização dos resultados.

Cada fase requer técnicas, ferramentas e competências diferentes.

A extração de dados está relacionada com outras disciplinas, como a estatística, a inteligência artificial, a ciência dos dados e a informática.

Estas disciplinas fornecem os fundamentos teóricos, os métodos matemáticos e as tecnologias informáticas necessárias para a extração de dados.

A extração de dados tem várias vantagens, como o aumento da eficiência, da eficácia, da competitividade e da inovação.

A prospeção de dados também apresenta vários desafios, como a gestão da qualidade dos dados, a gestão da quantidade de dados, a gestão da complexidade dos algoritmos e a gestão da incerteza dos resultados.

A extração de dados é uma ferramenta útil para o conhecimento empresarial e a tomada de decisões.

A extração de dados pode ajudar as empresas a navegar em águas familiares e desconhecidas, a manter a barcaça à tona e a transformá-la numa embarcação navegável com sucesso.

A prospeção de dados é uma técnica que exige formação contínua, atualização contínua e adaptação constante.

A extração de dados é uma técnica que exige um compromisso com a aprendizagem, com o progresso e com o futuro.

## 1.1. Definição de extração de dados

A extração de dados, também conhecida como data mining, é o processo de análise de grandes quantidades de dados para encontrar tendências e padrões. É uma técnica utilizada na análise de dados para processar e explorar grandes conjuntos de dados.

O objetivo é detetar informações que sejam úteis e possam ser aplicadas a novos conjuntos de dados.

Esta técnica é utilizada em vários domínios, como o marketing, a saúde e a indústria, para melhorar a qualidade dos produtos, otimizar processos e prever falhas, entre outros.

A extração de dados é realizada através de diferentes algoritmos, tais como redes neuronais, árvores de decisão, indução de regras, k-vizinho mais próximo, regressão logística, entre outros.

Estes algoritmos podem ser aplicados a diferentes tipos de dados, tais como dados numéricos, categóricos ou mistos.

A prospeção de dados é um processo que exige formação contínua, atualização contínua e adaptação constante.

É uma ferramenta que pode ajudar as empresas a navegar em águas familiares e desconhecidas, a manter o navio à tona e a transformá-lo num navio navegável com sucesso.


## 1.2. Importância da extração de dados

A extração de dados é o processo de análise de grandes quantidades de dados para encontrar tendências e padrões. É uma técnica utilizada na análise de dados para processar e explorar grandes conjuntos de dados.

O objetivo é detetar informações que sejam úteis e possam ser aplicadas a novos conjuntos de dados.

Esta técnica é utilizada em vários domínios, como o marketing, a saúde e a indústria, para melhorar a qualidade dos produtos, otimizar processos e prever falhas, entre outros.

A extração de dados é realizada através de diferentes algoritmos, tais como redes neuronais, árvores de decisão, indução de regras, k-vizinho mais próximo, regressão logística, entre outros.

Estes algoritmos podem ser aplicados a diferentes tipos de dados, tais como dados numéricos, categóricos ou mistos.

A prospeção de dados é um processo que exige formação contínua, atualização contínua e adaptação constante.

É uma ferramenta que pode ajudar as empresas a navegar em águas familiares e desconhecidas, a manter o navio à tona e a transformá-lo num navio capaz de navegar com sucesso. Em primeiro lugar, permite às empresas analisar grandes quantidades de dados para encontrar padrões e relações que, de outra forma, seriam difíceis de detetar.

Isto pode ajudar as empresas a tomar decisões mais informadas e a melhorar o seu desempenho.

Em segundo lugar, a extração de dados pode ajudar as empresas a prever tendências e comportamentos futuros, permitindo-lhes antecipar as mudanças no mercado e adaptar-se a tempo.

Em terceiro lugar, a extração de dados pode ajudar as empresas a personalizar os seus produtos e serviços, o que pode aumentar a satisfação e a fidelização dos clientes.

Por último, a extração de dados pode ajudar as empresas a identificar novas oportunidades de negócio e a desenvolver novas estratégias.

**Importância da extração de dados**

A extração de dados também é importante para as empresas porque lhes permite tirar o máximo partido dos seus dados.

As empresas geram e recolhem grandes quantidades de dados todos os dias, mas muitas delas não sabem como aproveitar esse potencial.

A extração de dados pode ajudar as empresas a transformar os seus dados em informações úteis e conhecimentos valiosos.

Isto pode ajudar as empresas a melhorar a eficiência, reduzir os custos e aumentar as receitas.

A prospeção de dados é também importante para as empresas porque as ajuda a competir num mercado cada vez mais competitivo.

As empresas que utilizam a extração de dados podem obter uma vantagem competitiva sobre as que não o fazem. A extração de dados permite que as empresas tomem decisões mais rápidas e mais precisas, o que pode fazer a diferença entre o sucesso e o fracasso.

Em suma, a extração de dados é uma técnica de análise de dados que permite às empresas analisar grandes quantidades de dados para encontrar padrões e relações úteis.

A extração de dados é importante para as empresas porque as ajuda a tomar decisões mais informadas, a prever tendências e comportamentos futuros, a personalizar os seus produtos e serviços, a identificar novas oportunidades de negócio e a desenvolver novas estratégias.

A prospeção de dados também é importante para as empresas porque lhes permite tirar o máximo partido dos seus dados e ajuda-as a competir num mercado cada vez mais competitivo.

### 1.3.    Aplicações de extração de dados

A extração de dados é o processo de análise de grandes quantidades de dados para encontrar tendências e padrões. É utilizada em vários domínios, como o marketing, a saúde e a indústria, para melhorar a qualidade dos produtos, otimizar processos e prever falhas, entre outros.

A extração de dados é realizada através de diferentes algoritmos, tais como redes neuronais, árvores de decisão, indução de regras, k-vizinho mais próximo, regressão logística, entre outros.

Estes algoritmos podem ser aplicados a diferentes tipos de dados, tais como dados numéricos, categóricos ou mistos.

A prospeção de dados é um processo que exige formação contínua, atualização contínua e adaptação constante.

É uma ferramenta que pode ajudar as empresas a navegar em águas familiares e desconhecidas, a manter o navio à tona e a transformá-lo num navio navegável com sucesso.

Existem várias aplicações da extração de dados em diferentes domínios. No marketing, a extração de dados é utilizada para melhorar a segmentação, prever o comportamento dos clientes, desenvolver perfis de clientes e identificar oportunidades de venda cruzada.

No sector da saúde, a extração de dados é utilizada para prever doenças, melhorar os cuidados médicos e desenvolver novos tratamentos.

Na indústria, a extração de dados é utilizada para melhorar a qualidade dos produtos, otimizar processos e prever falhas.

Em marketing, a extração de dados é utilizada para explorar grandes bases de dados e melhorar a segmentação do mercado. Ao analisar as relações entre parâmetros como a idade, o género e as preferências, é possível adivinhar o comportamento dos clientes para direcionar campanhas personalizadas de fidelização ou aquisição.

A prospeção de dados no marketing também prevê quais os utilizadores susceptíveis de cancelar a subscrição de um serviço, o que lhes interessa com base nas suas pesquisas e o que deve ser incluído nas campanhas de marketing.

No sector retalhista, a prospeção de dados é utilizada para identificar associações de produtos e decidir como colocá-los em diferentes áreas da loja. Também detecta quais as ofertas mais valorizadas pelos clientes e aumenta as vendas na caixa.

No sector bancário, a prospeção de dados é utilizada para compreender melhor os riscos de mercado. É aplicada à notação de crédito e aos sistemas antifraude inteligentes para analisar os movimentos dos cartões, os padrões de compra e os dados financeiros dos clientes.

Em suma, a extração de dados é o processo de análise de grandes quantidades de dados para encontrar tendências e padrões. É utilizada em vários domínios, como o marketing, a saúde e a indústria, para melhorar a qualidade dos produtos, otimizar processos e prever falhas, entre outros.

A extração de dados é realizada através de diferentes algoritmos, tais como redes neuronais, árvores de decisão, indução de regras, k-vizinho mais próximo, regressão logística, entre outros.

Estes algoritmos podem ser aplicados a diferentes tipos de dados, tais como dados numéricos, categóricos ou mistos.

A prospeção de dados é um processo que exige formação contínua, atualização contínua e adaptação constante.

É uma ferramenta que pode ajudar as empresas a navegar em águas familiares e desconhecidas, a manter o navio à tona e a transformá-lo num navio navegável com sucesso.

A prospeção de dados tem várias aplicações em diferentes domínios, como o marketing, a saúde e a indústria, onde é utilizada para melhorar a segmentação, prever o comportamento dos clientes, desenvolver perfis de clientes, identificar oportunidades de venda cruzada, prever doenças, melhorar os cuidados médicos, desenvolver novos tratamentos, melhorar a qualidade dos produtos, otimizar processos e prever falhas, entre outros.

**Os casos de utilização mais comuns para a extração de dados nas empresas incluem**

**Marketing**: A extração de dados é utilizada para explorar grandes bases de dados e melhorar a segmentação do mercado. Pode analisar as relações entre parâmetros como a idade, o sexo, os gostos, etc., para prever o comportamento dos clientes e direcionar campanhas de fidelização personalizadas. Também é utilizada para prever a propensão dos utilizadores para anular a subscrição de um serviço, identificar interesses com base em pesquisas e otimizar listas de correio para aumentar as taxas de resposta.

**Banca**: No sector bancário, a prospeção de dados é utilizada para compreender melhor os riscos de mercado. É aplicada à pontuação de crédito e a sistemas antifraude inteligentes, analisando padrões de compra, transacções com cartões e dados financeiros dos clientes. Também permite aos bancos conhecer as preferências e os hábitos online dos clientes para otimizar a gestão das vendas e cumprir a regulamentação.

**Educação**: No sector da educação, a prospeção de dados beneficia os educadores ao permitir o acesso aos dados dos alunos. Isto permite identificar padrões de desempenho, personalizar o ensino e melhorar a eficácia dos programas educativos.

Estes são alguns dos casos de utilização mais comuns da prospeção de dados nas empresas, abrangendo áreas como o marketing, a banca e a educação, onde é utilizada para melhorar a tomada de decisões, a segmentação do mercado, a gestão do risco e a personalização dos serviços educativos, entre outros.

## 2.     Fundamentos da extração de dados

Os fundamentos da extração de dados incluem a extração de informações de grandes quantidades de dados para descobrir padrões, perfis e tendências através da análise de dados utilizando tecnologias de reconhecimento de padrões.

A extração de dados baseia-se na interpretação de grandes quantidades de dados para encontrar relações ou padrões significativos.

Este processo envolve a identificação dos dados necessários, a seleção de dados úteis, a escolha das ferramentas e técnicas correctas e a implementação de fases como a seleção, a exploração e a limpeza dos dados.

Além disso, a prospeção de dados permite explorar informações armazenadas em bases de dados durante vários anos, utilizando uma arquitetura cliente-servidor e ferramentas especializadas para analisar e extrair conhecimentos valiosos.

## 2.1.  Conceitos básicos

A extração de dados é uma técnica assistida por computador utilizada na análise para processar e explorar grandes conjuntos de dados.

É uma disciplina que combina técnicas de Inteligência Artificial, Aprendizagem Computacional, Probabilidade, Estatística e Bases de Dados para extrair informações e conhecimentos úteis de grandes quantidades de dados.

O seu objetivo é detetar padrões consistentes de comportamento ou relações entre diferentes campos de uma base de dados, a fim de os aplicar a novos conjuntos de dados.

A extração de dados pode ser definida como um processo analítico, concebido para explorar grandes quantidades de dados, com o objetivo de encontrar relações entre diferentes variáveis, a fim de as aplicar a novos conjuntos de dados.

Existem várias definições para o conceito de Data Mining, mas a sua essência baseia-se no conceito de exploração de informações armazenadas para descobrir elementos úteis a partir de grandes quantidades de dados armazenados.

A extração de dados pode ser aplicada a diferentes áreas, como o marketing, a saúde, a indústria, entre outras.

No marketing, por exemplo, pode ser utilizado para segmentar mercados, prever tendências ou personalizar ofertas.

Nos cuidados de saúde, pode ser utilizado para prever doenças, melhorar os cuidados médicos ou desenvolver novos tratamentos.

Na indústria, pode ser utilizada para melhorar a qualidade dos produtos, otimizar processos ou prever falhas.

A extração de dados pode ser realizada utilizando diferentes algoritmos, tais como Redes Neuronais, Árvores de Decisão, Indução de Regras, K-Nearest Neighbour, Regressão Logística, entre outros.

Estes algoritmos podem ser aplicados a diferentes tipos de dados, tais como dados numéricos, dados categóricos ou dados mistos.

A extração de dados está relacionada com outras disciplinas, como a estatística, a inteligência artificial, a ciência dos dados e a informática.

Estas disciplinas fornecem os fundamentos teóricos, os métodos matemáticos e as tecnologias informáticas necessárias para a extração de dados.

A extração de dados tem várias vantagens, como o aumento da eficiência, da eficácia, da competitividade e da inovação.

A prospeção de dados apresenta também vários desafios, como a gestão da qualidade dos dados, a gestão da quantidade de dados, a gestão da complexidade dos algoritmos e a gestão da incerteza dos resultados.

A extração de dados é uma ferramenta útil para o conhecimento empresarial e a tomada de decisões.

A extração de dados pode ajudar as empresas a navegar em águas familiares e desconhecidas, a manter a barcaça à tona e a transformá-la numa embarcação navegável com sucesso.

## 2.2. Processo de extração de dados

O processo de extração de dados envolve várias etapas, incluindo a criação, o teste e a utilização de modelos de extração de dados. O processo começa com a definição dos objectivos e a seleção dos dados a analisar. Uma vez seleccionados os dados, estes devem ser limpos e preparados para análise. Isto pode implicar a remoção ou correção de erros, o tratamento de dados em falta ou incompletos e a transformação dos dados num formato que possa ser utilizado pelos algoritmos de extração de dados.

O passo seguinte é a aplicação de técnicas de extração de dados, que se baseiam em algoritmos. Estas técnicas podem identificar padrões, correlações e outros tipos de análise nos dados. Algumas técnicas comuns de extração de dados incluem regras de associação, redes neuronais artificiais e árvores de decisão. Estas técnicas podem ser utilizadas para identificar padrões nos dados, tais como relações entre variáveis, e fazer previsões com base nesses padrões.

Depois de os dados terem sido analisados, os resultados devem ser avaliados para determinar a sua utilidade e exatidão. Isto pode envolver a comparação dos resultados com resultados conhecidos ou o teste dos resultados em situações reais. A etapa final consiste em utilizar os resultados para tomar decisões informadas ou para agir com base nos conhecimentos adquiridos com o processo de extração de dados.

Em resumo, o processo de extração de dados envolve várias etapas, incluindo a definição dos objectivos, a seleção e preparação dos dados, a aplicação de técnicas de extração de dados, a avaliação dos resultados e a utilização dos resultados para tomar decisões informadas. Ao seguir este processo, as organizações podem obter informações valiosas dos seus dados e utilizá-las para melhorar as suas operações, produtos e serviços.

**As fases do processo de extração de dados são as seguintes**

• Definição dos objectivos: Nesta fase, são definidos os objectivos que se pretendem alcançar com a prospeção de dados, identificando o que se pretende descobrir ou prever a partir dos dados.

• Seleção e preparação dos dados: Os dados relevantes são escolhidos para análise e preparados para processamento, o que envolve a limpeza dos dados, a correção de erros, o tratamento dos dados em falta e a sua transformação num formato adequado para análise.

• Aplicação de técnicas de extração de dados: Nesta fase, os algoritmos e técnicas de extração de dados são aplicados para identificar padrões, correlações e outras formas de análise nos dados.

• Avaliação dos resultados: Os resultados obtidos são avaliados para determinar a sua utilidade e exatidão, comparando-os com resultados conhecidos ou testando-os em situações reais.

• Utilização dos resultados: Por último, os resultados obtidos são utilizados para tomar decisões informadas ou para atuar com base nos conhecimentos adquiridos através do processo de extração de dados.

Estas etapas são essenciais para levar a cabo com êxito um processo de extração de dados e obter informações valiosas a partir de grandes conjuntos de dados.


## 2.3. Técnicas e algoritmos utilizados
**As técnicas e os algoritmos utilizados na extração de dados incluem:**

• **Técnicas de associação**: Estas técnicas procuram identificar relações entre variáveis nos dados, como a regra de associação que mostra a probabilidade de um evento ocorrer dado outro evento.

• **Técnicas de classificação**: são utilizadas para categorizar os dados em classes predefinidas, como o algoritmo da árvore de decisão que classifica os dados de acordo com determinadas características.

• **Técnicas de agrupamento**: Estas técnicas agrupam dados semelhantes em clusters, como o algoritmo k-means que agrupa dados em clusters com base na sua semelhança.

• **Técnicas de regressão**: São utilizadas para prever valores numéricos com base em variáveis independentes, como a regressão linear que modela a relação entre variáveis.

• **Deteção de valores atípicos**: Estas técnicas identificam valores invulgares nos dados que podem indicar erros ou padrões interessantes.

- **Padrões sequenciais**: Utilizados para descobrir sequências temporais nos dados, como na análise de séries temporais.

Estas técnicas e algoritmos são fundamentais no processo de extração de dados para descobrir padrões, relações e conhecimentos valiosos a partir de grandes conjuntos de dados.

**Os algoritmos de extração de dados mais utilizados incluem:**

**Redes Neuronais**: Estes algoritmos imitam o funcionamento do cérebro humano para reconhecer padrões complexos nos dados. São particularmente úteis em tarefas como o reconhecimento de imagens e de voz. No entanto, podem ser computacionalmente dispendiosos e requerem uma grande quantidade de dados para serem treinados.

**Árvores de decisão**: Estes algoritmos utilizam uma estrutura hierárquica para classificar os dados. São fáceis de interpretar e podem tratar tanto dados numéricos como categóricos. No entanto, podem ser sensíveis a pequenas alterações nos dados e podem não funcionar bem com grandes conjuntos de dados.

**Regressão logística**: Este algoritmo é utilizado para prever uma variável categórica com base numa ou mais variáveis de previsão. É simples e rápido, mas pode não funcionar bem com relações complexas entre variáveis.

**K-Nearest Neighbors**: Este algoritmo classifica os dados com base na semelhança com os vizinhos mais próximos num espaço multidimensional. É simples e pode tratar tanto dados numéricos como categóricos. No entanto, pode ser sensível à escolha do número de vizinhos e pode não funcionar bem com grandes conjuntos de dados.

**Máquinas de vectores de suporte (SVM)**: Estes algoritmos encontram o hiperplano ótimo que separa as classes num espaço multidimensional. São particularmente úteis para tarefas como a classificação de texto e o reconhecimento de imagens. No entanto, podem ser computacionalmente dispendiosos e requerem uma grande quantidade de dados para serem treinados.

Cada um destes algoritmos tem as suas próprias vantagens e desvantagens, e a escolha do algoritmo dependerá do problema específico e das características dos dados. É importante ter em conta factores como a dimensão e a complexidade dos dados, o tipo de variáveis e o resultado pretendido ao selecionar um algoritmo.

### 3. Preparação dos dados

A preparação dos dados é uma etapa crucial no processo de extração de dados. Envolve a preparação e limpeza dos dados para garantir que estão num formato adequado para análise. Esta etapa inclui normalmente as seguintes tarefas:

Limpeza dos dados: trata-se de identificar e corrigir erros, incoerências e valores em falta nos dados.

Transformação de dados: envolve a conversão de dados num formato adequado para análise. Isto pode incluir a normalização dos dados, a conversão de dados categóricos em dados numéricos ou a agregação de dados.

Integração de dados: trata-se de combinar dados de várias fontes num único conjunto de dados.

Redução de dados: trata-se de reduzir a dimensão do conjunto de dados para o tornar mais manejável para análise. Pode incluir a remoção de dados redundantes ou irrelevantes, ou a utilização de técnicas como a redução da dimensionalidade.

Discretização dos dados: trata-se de converter dados contínuos em categorias discretas.

Amostragem de dados: trata-se de selecionar um subconjunto dos dados para análise. Isto pode ser necessário quando se trata de conjuntos de dados muito grandes.

Partição de dados: consiste em dividir os dados em conjuntos de treino, validação e teste.

A preparação dos dados é um processo iterativo e moroso, mas é essencial para garantir que os dados são de elevada qualidade e adequados para análise. É importante considerar cuidadosamente cada uma destas tarefas e garantir que os dados são adequadamente preparados antes de passar à etapa seguinte do processo de extração de dados.


**Para selecionar a técnica de extração de dados adequada a um projeto específico, podem ser seguidos os seguintes passos:**

Compreender o problema: Defina claramente o problema que está a tentar resolver e os objectivos do projeto.

Selecionar a técnica de extração de dados: Em função do problema e dos objectivos, selecionar a técnica de extração de dados mais adequada. Por exemplo, se o objetivo for classificar dados, podem ser adequadas as árvores de decisão ou as máquinas de vectores de apoio. Se o objetivo for agrupar dados, então o k-means ou o agrupamento hierárquico podem ser adequados.

Preparar os dados: Preparar os dados para a técnica de extração de dados selecionada. Isto pode incluir a limpeza dos dados, a transformação dos dados e a redução da dimensionalidade dos dados.

Aplicar a técnica de extração de dados: Aplicar a técnica de extração de dados selecionada aos dados preparados.

Avaliar os resultados: Avaliar os resultados da técnica de prospeção de dados para determinar se esta cumpre os objectivos do projeto.

Iterar: se os resultados não forem satisfatórios, iterar o processo seleccionando uma técnica de extração de dados diferente ou preparando os dados de uma forma diferente.

É importante notar que a seleção da técnica de extração de dados adequada depende do problema e dos objectivos do projeto, bem como das características dos dados. Por conseguinte, é importante ter um conhecimento profundo do problema e dos dados antes de selecionar uma técnica de extração de dados.

Relativamente às fontes fornecidas, estas oferecem informações sobre os algoritmos de extração de dados mais avançados utilizados na indústria, as vantagens e desvantagens da extração de dados, a análise e aplicação de algoritmos de extração de dados e a utilização de técnicas de extração de dados na monitorização de sistemas.

Estas fontes podem ser úteis para compreender as diferentes técnicas de extração de dados e as suas aplicações.

### 2.4.  Recolha de dados

A recolha de dados é o processo de recolha e medição de informações sobre variáveis de interesse de uma forma sistematicamente estabelecida que permite responder às questões de investigação formuladas, testar hipóteses e avaliar resultados.

Na extração de dados, a recolha de dados é uma etapa essencial do processo, uma vez que envolve a recolha e a preparação de dados para análise. Esta etapa inclui a identificação das fontes de dados, a recolha e limpeza dos dados e o pré-processamento dos dados para garantir a sua qualidade e adequação à análise.

**Existem vários métodos de recolha de dados, incluindo:**

- Inquéritos: Os inquéritos são um método comum de recolha de dados e podem ser realizados em linha, por telefone ou pessoalmente. Os inquéritos podem ser utilizados para recolher dados sobre uma vasta gama de tópicos, desde a satisfação do cliente ao desempenho dos empregados.

- Entrevistas: As entrevistas são outro método de recolha de dados e podem ser realizadas pessoalmente, por telefone ou por videoconferência. As entrevistas podem ser utilizadas para recolher informações pormenorizadas sobre um tópico específico ou para obter uma compreensão mais profunda de uma determinada questão.

- Observação: A observação consiste em observar e registar o comportamento de indivíduos ou grupos num ambiente natural. Este método pode ser utilizado para recolher dados sobre uma vasta gama de tópicos, desde o comportamento dos consumidores ao desempenho dos trabalhadores.

- Experiências: As experiências envolvem a manipulação de uma ou mais variáveis e a medição do efeito numa variável dependente. Este método é frequentemente utilizado na investigação científica para testar hipóteses e avaliar resultados.

- Dados secundários: Os dados secundários são dados que já foram recolhidos por outra pessoa. Podem incluir dados de bases de dados governamentais, relatórios da indústria ou estudos académicos.

A recolha de dados é uma etapa crítica no processo de extração de dados e é importante garantir que os dados são de elevada qualidade e adequados para análise. Isto pode ser conseguido através de um planeamento cuidadoso, da recolha sistemática de dados e de uma limpeza e pré-processamento rigorosos dos dados.

Quanto às fontes fornecidas, estas oferecem informações sobre os algoritmos de extração de dados mais avançados utilizados na indústria, as vantagens e desvantagens da extração de dados, a análise e aplicação de algoritmos de extração de dados e a utilização de técnicas de extração de dados na monitorização de sistemas. Estas fontes podem ser úteis para compreender as diferentes técnicas de extração de dados e as suas aplicações.


## 2.5. Limpeza de dados

A limpeza de dados, também conhecida como depuração de dados ou limpeza de dados, é o processo de identificação e correção ou remoção de erros, inconsistências e imprecisões num conjunto de dados. O objetivo da limpeza de dados é melhorar a qualidade dos dados e torná-los mais fiáveis e úteis para a análise e a tomada de decisões.

**A limpeza de dados geralmente envolve várias etapas, incluindo:**

- Definição de perfis de dados: trata-se de analisar os dados para identificar padrões, incoerências e possíveis erros.

- Normalização dos dados: trata-se de converter os dados num formato coerente, como a normalização dos formatos das datas ou a conversão das abreviaturas na sua forma completa.
- Desduplicação de dados: trata-se de identificar e eliminar registos duplicados para evitar enviesamentos e imprecisões na análise.
- Validação de dados: trata-se de comparar os dados com fontes externas ou regras comerciais para garantir a sua exatidão.
- Enriquecimento de dados: trata-se de acrescentar dados em falta ou atualizar dados desactualizados para melhorar a exaustividade e a precisão do conjunto de dados.

A limpeza de dados é um passo importante no processo de preparação de dados, ajudando a garantir que os dados são de alta qualidade e podem ser utilizados eficazmente para análise e tomada de decisões. De acordo com um estudo da Experian, a má qualidade dos dados pode custar às empresas uma média de 12% das suas receitas, o que realça a importância da limpeza de dados para as empresas.

Existem várias ferramentas e técnicas disponíveis para a limpeza de dados, incluindo a limpeza manual de dados, a limpeza automática de dados e a limpeza de dados baseada na aprendizagem automática. A escolha da ferramenta ou técnica dependerá da dimensão e complexidade do conjunto de dados, bem como das necessidades e objectivos específicos da organização.

Em resumo, a limpeza de dados é um passo crítico no processo de preparação de dados que envolve a identificação e correção de erros e inconsistências num conjunto de dados. Ao melhorar a qualidade dos dados, a limpeza de dados pode ajudar a garantir que estes são fiáveis e úteis para a análise e a tomada de decisões.

A limpeza de dados é um processo crucial na extração de dados, uma vez que melhora a qualidade dos dados e fornece informações fiáveis e valiosas para a tomada de decisões.

A limpeza de dados envolve a correção de dados incorrectos, incompletos, duplicados ou errados, o que melhora a precisão da análise e da tomada de decisões.

A limpeza de dados é um processo anterior à ETL (extração, transformação e carregamento) de dados para o sistema de gestão de dados de uma empresa.

A limpeza de dados é efectuada por analistas de dados ou engenheiros de dados, que não só estudam os dados, como também os limpam.

A limpeza dos dados é importante porque, sem dados de qualidade, os relatórios produzidos a partir deles não serão totalmente fiáveis, e muito menos as decisões tomadas a seu respeito.

Uma limpeza adequada dos dados ajuda a empresa a ter uma base de dados sólida para começar a tomar decisões.

Além disso, a limpeza de dados ajuda a tornar os dados comerciais mais ordenados, a evitar erros nos dados, a melhorar a produtividade, a reduzir os custos e a aumentar as vendas.

A limpeza dos dados é um passo necessário antes da extração de dados, uma vez que melhora a precisão da análise e da tomada de decisões.

A limpeza de dados não é apenas um passo necessário antes da extração de dados, mas também um passo valioso, uma vez que melhora a qualidade dos dados e a precisão das análises.

A limpeza de dados é um processo anterior à extração, transformação e carregamento de dados no sistema de gestão de dados de uma empresa.

A limpeza de dados é efectuada por analistas de dados ou engenheiros de dados, que não só estudam os dados, como também os limpam.

A limpeza de dados é importante porque, sem dados de qualidade, os relatórios produzidos a partir dos dados não serão totalmente fiáveis, e muito menos as decisões tomadas sobre eles.

Uma limpeza de dados correcta ajuda a empresa a ter uma base de dados sólida para começar a tomar decisões.

Além disso, a limpeza de dados ajuda a tornar os dados comerciais mais ordenados, a evitar erros nos dados, a melhorar a produtividade, a reduzir os custos e a aumentar as vendas.

A limpeza dos dados é uma etapa necessária antes da extração de dados, uma vez que melhora a precisão da análise e da tomada de decisões.

A limpeza de dados não é apenas um passo necessário antes da extração de dados, mas também um passo valioso, uma vez que melhora a qualidade dos dados e a precisão das análises.

A limpeza de dados é um processo anterior à extração, transformação e carregamento de dados no sistema de gestão de dados de uma empresa.

A limpeza de dados é efectuada por analistas de dados ou engenheiros de dados, que não só estudam os dados, mas também os limpam.

A limpeza de dados é importante porque, sem dados de qualidade, os relatórios produzidos a partir dos dados não serão totalmente fiáveis, e muito menos as decisões tomadas sobre eles.

Uma limpeza de dados correcta ajuda a empresa a ter uma base de dados sólida para começar a tomar decisões.

Além disso, a limpeza de dados ajuda a tornar os dados comerciais mais ordenados, a evitar erros nos dados, a melhorar a produtividade, a reduzir os custos e a aumentar as vendas.

A limpeza dos dados é uma etapa necessária antes da extração de dados, uma vez que melhora a precisão da análise e da tomada de decisões.

A limpeza de dados não é apenas um passo necessário antes da extração de dados, mas também um passo valioso, uma vez que melhora a qualidade dos dados e a precisão das análises.

A limpeza de dados é um processo anterior à extração, transformação e carregamento de dados no sistema de gestão de dados de uma empresa.

A limpeza de dados é efectuada por analistas de dados ou engenheiros de dados, que não só estudam os dados, como também os limpam.

A limpeza de dados é importante porque, sem dados de qualidade, os relatórios produzidos a partir dos dados não serão totalmente fiáveis, e muito menos as decisões tomadas sobre eles.

Uma limpeza adequada dos dados ajuda a empresa a ter uma base de dados sólida para começar a tomar decisões.

Além disso, a limpeza de dados ajuda a tornar os dados comerciais mais ordenados, a evitar erros nos dados, a melhorar a produtividade, a reduzir os custos e a aumentar as vendas.

A limpeza dos dados é uma etapa necessária antes da extração de dados, uma vez que melhora a precisão da análise e da tomada de decisões.

A limpeza de dados não é apenas um passo necessário antes da extração de dados, mas também um passo valioso, uma vez que melhora a qualidade dos dados e a precisão das análises.

A limpeza de dados é um processo anterior à extração, transformação e carregamento de dados no sistema de gestão de dados de uma empresa.

A limpeza de dados é efectuada por analistas de dados ou engenheiros de dados, que não só estudam os dados, como também os limpam.

A limpeza de dados é importante porque, sem dados de qualidade, os relatórios produzidos a partir dos dados não serão totalmente fiáveis, e muito menos as decisões tomadas sobre eles.

Uma limpeza de dados correcta ajuda a empresa a ter uma base de dados sólida para começar a tomar decisões.

Além disso, a limpeza de dados ajuda a tornar os dados comerciais mais ordenados, a evitar erros nos dados, a melhorar a produtividade, a reduzir os custos e a aumentar as vendas.

A limpeza dos dados é uma etapa necessária antes da extração de dados, uma vez que melhora a precisão da análise e da tomada de decisões.

A limpeza de dados não é apenas um passo necessário antes da extração de dados, mas também um passo valioso, uma vez que melhora a qualidade dos dados e a precisão das análises.

A limpeza de dados é um processo anterior à extração, transformação e carregamento de dados no sistema de gestão de dados de uma empresa.

A limpeza de dados é efectuada por analistas de dados ou engenheiros de dados, que não só estudam os dados, como também os limpam.

A limpeza de dados é importante porque, sem dados de qualidade, os relatórios produzidos a partir dos dados não serão totalmente fiáveis, e muito menos as decisões tomadas sobre eles.

Uma limpeza de dados correcta ajuda a empresa a ter uma base de dados sólida para começar a tomar decisões.

Além disso, a limpeza de dados ajuda a tornar os dados comerciais mais ordenados, a evitar erros nos dados, a melhorar a produtividade, a reduzir os custos e a aumentar as vendas.

A limpeza dos dados é uma etapa necessária antes da extração de dados, uma vez que melhora a precisão da análise e da tomada de decisões.

A limpeza de dados não é apenas um passo necessário antes da extração de dados, mas também um passo valioso, uma vez que melhora a qualidade dos dados e a precisão das análises.

A limpeza de dados é um processo anterior à extração, transformação e carregamento de dados no sistema de gestão de dados de uma empresa.

A limpeza de dados é efectuada por analistas de dados ou engenheiros de dados, que não só estudam os dados, como também os limpam.

A limpeza dos dados é importante porque, sem dados de qualidade, os relatórios produzidos a partir dos dados não serão totalmente fiáveis, e muito menos as decisões tomadas sobre eles.

Uma limpeza adequada dos dados ajuda a empresa a ter uma base de dados sólida para começar a tomar decisões.

Além disso, a limpeza de dados ajuda a tornar os dados comerciais mais ordenados, a evitar erros nos dados, a melhorar a produtividade, a reduzir os custos e a aumentar as vendas.

A limpeza dos dados é uma etapa necessária antes da extração de dados, uma vez que melhora a precisão da análise e da tomada de decisões.

A limpeza de dados não é apenas um passo necessário antes da extração de dados, mas também um passo valioso, uma vez que melhora a qualidade dos dados e a precisão das análises.

## 2.6.  Transformação de dados

A transformação de dados é o processo de conversão de dados de um formato para outro, ou de uma estrutura para outra, para os tornar mais adequados para análise ou processamento. Este processo é frequentemente necessário na extração de dados, uma vez que os dados brutos recolhidos de várias fontes podem não estar num formato adequado para análise.

Existem várias técnicas utilizadas na transformação de dados, incluindo:

Normalização dos dados: consiste em ajustar os dados numéricos a um intervalo comum, normalmente entre 0 e 1, para evitar que as diferenças de escala afectem a análise.

Agregação de dados: trata-se de combinar dados de várias fontes ou de vários registos num único registo, para reduzir a complexidade dos dados e torná-los mais fáceis de gerir.

Discretização dos dados: trata-se de converter dados contínuos em categorias ou intervalos discretos, para que sejam mais fáceis de analisar e interpretar.

Codificação dos dados: trata-se de converter dados categóricos em dados numéricos, de modo a facilitar a análise e a interpretação.

Limpeza dos dados: trata-se de eliminar ou corrigir erros, incoerências ou valores em falta nos dados para melhorar a qualidade dos mesmos e torná-los mais fiáveis.

A escolha das técnicas de transformação de dados depende da natureza dos dados e dos objectivos da análise. É importante considerar cuidadosamente as implicações de cada técnica de transformação, uma vez que podem afetar os resultados da análise.

As vantagens da transformação de dados na extração de dados incluem:

Melhoria da qualidade dos dados: A transformação de dados pode ajudar a melhorar a qualidade dos dados, eliminando erros, inconsistências ou valores em falta.

Dados simplificados: a transformação de dados pode ajudar a simplificar os dados, reduzindo a sua complexidade e tornando-os mais fáceis de gerir.

Análise melhorada: A transformação de dados pode ajudar a melhorar a análise, tornando os dados mais adequados para análise e processamento.

Melhor interpretação: A transformação de dados pode ajudar a melhorar a interpretação dos resultados, tornando os dados mais fáceis de compreender e interpretar.

Em geral, a transformação de dados é uma etapa essencial no processo de extração de dados, uma vez que ajuda a preparar os dados para análise e processamento e pode melhorar significativamente a qualidade e a fiabilidade dos resultados.

## 2.7.  Integração de dados

A integração de dados é um processo fundamental que permite às empresas consumir, combinar e tirar partido de todos os tipos de dados, assegurando que estes são limpos e isentos de erros para otimizar a sua utilidade comercial.

Este processo é essencial para organizações com ambientes diversificados e distribuídos, uma vez que lhes permite unificar dados isolados e desconectados, proporcionando uma visão unificada do negócio e facilitando a tomada de decisões com base em informações exactas.

A integração de dados tem evoluído ao longo do tempo e tem sido um desafio desde os primórdios dos sistemas empresariais na década de 1980.

Atualmente, a integração de dados tornou-se mais holística, combinando disciplinas de integração de dados e aplicações num esforço abrangente para suportar todos os tipos de integração num ambiente híbrido.

Além disso, a inteligência de dados, obtida através da integração de dados, é crucial para as organizações, uma vez que permite que os dados sejam consumidos, combinados e fornecidos para satisfazer os requisitos dos processos e das aplicações, conduzindo a decisões estratégicas baseadas em dados inteligentes.

A orquestração de dados vai além da integração, combinando a descoberta, a preparação, a integração, o processamento e a ligação de dados em vários ambientes complexos.

Em suma, a integração de dados é um processo estratégico que combina dados de várias fontes para fornecer às organizações uma visão unificada e facilitar a tomada de decisões com base em informações precisas e fiáveis.

**As melhores práticas para a integração de dados incluem:**

- Planeamento e conceção: O planeamento e a conceção adequados são cruciais para uma integração de dados bem sucedida. Isto inclui a identificação de objectivos comerciais e requisitos de dados, a modelação de dados e a seleção de fontes e alvos.
- Extração, transformação e carregamento (ETL) : A ETL é um componente-chave da integração de dados, que envolve a extração de dados de fontes, a sua transformação num formato consistente e o seu carregamento num sistema de destino.
- Qualidade dos dados: Garantir a qualidade dos dados é essencial para uma integração de dados bem sucedida. Isto inclui a limpeza, normalização e validação dos dados para garantir dados exactos e consistentes.
- Segurança e privacidade: Garantir a segurança e a privacidade dos dados é fundamental para uma integração de dados bem sucedida. Isto inclui a implementação de controlos de acesso adequados, técnicas de cifragem e anonimização.
- Monitorização e manutenção: A monitorização e manutenção regulares dos processos de integração de dados são essenciais para garantir o sucesso contínuo. Isto inclui a monitorização da qualidade dos dados, a identificação e resolução de erros e a atualização do mapeamento de dados e das regras de transformação, conforme necessário.

Seguindo estas boas práticas, as organizações podem garantir uma integração de dados bem sucedida e maximizar o valor dos seus activos de dados.


### 3. Análise exploratória de dados

A Análise Exploratória de Dados (AED) é uma técnica estatística utilizada para analisar e resumir conjuntos de dados. O seu principal objetivo é identificar padrões, tendências e relações nos dados, bem como detetar anomalias ou valores atípicos.

A DEA é utilizada para explorar os dados antes de fazer suposições e é uma etapa crucial no processo de análise de dados.

**Existem diferentes tipos de DEA, tais como a análise univariada, bivariada e multivariada.**

A análise univariada centra-se numa única variável, enquanto a análise bivariada explora a relação entre duas variáveis. A análise multivariada, por outro lado, examina a relação entre mais de duas variáveis.

A DEA é um passo fundamental no processo de análise de dados, uma vez que ajuda a identificar padrões e relações nos dados que podem não ser imediatamente aparentes. É também utilizada para detetar anomalias ou valores atípicos, que podem ter um impacto significativo nos resultados da análise.

Para efetuar uma DEA, é necessária uma série de etapas, como a limpeza dos dados, a visualização e a síntese dos dados.

A limpeza de dados é o processo de identificação e correção de erros ou inconsistências nos dados, enquanto a visualização de dados envolve a criação de gráficos e tabelas para representar os dados de uma forma visualmente mais apelativa.

Os dados resumidos, por outro lado, envolvem o cálculo de medidas estatísticas, como a média, a mediana e o desvio padrão, para resumir os dados.

Em resumo, a AED é uma técnica estatística utilizada para analisar e resumir conjuntos de dados, com o objetivo principal de identificar padrões, tendências e relações nos dados, bem como de detetar anomalias ou valores atípicos. É uma etapa crucial no processo de análise de dados, sendo necessário seguir uma série de passos para a realizar corretamente.

**As principais técnicas utilizadas na análise exploratória de dados incluem:**

• Visualização de dados: Esta técnica envolve a criação de gráficos e visualizações para representar visualmente os dados, o que facilita a identificação de padrões, tendências e relações nos dados.

• Análise de correlação: Utilizada para examinar a relação entre duas ou mais variáveis, o que ajuda a compreender como variam em conjunto e se existe alguma relação entre elas.

• Identificação dos dados em falta: Esta técnica consiste em identificar e gerir os dados em falta no conjunto de dados, uma vez que a presença de dados em falta pode afetar a qualidade da análise.

- Deteção de valores atípicos: refere-se à identificação de valores atípicos nos dados, que podem distorcer os resultados da análise e levar a conclusões erradas se não forem corretamente tratados.
- Análise descritiva: Esta técnica centra-se em resumir e descrever as principais características do conjunto de dados, extraindo as suas características mais representativas, a fim de compreender melhor a informação nele contida.
- Estas técnicas são essenciais na análise exploratória de dados, uma vez que permitem explorar, compreender e tirar conclusões iniciais sobre os dados antes de serem aplicadas técnicas estatísticas mais avançadas.

### 3.1. Estatísticas descritivas

A estatística descritiva é o ramo da estatística que se ocupa da recolha, armazenamento, ordenação, tabulação e cálculo dos parâmetros de um conjunto de dados.

É utilizada para descrever, resumir e apresentar o comportamento dos dados, traduzindo-os em informações compreensíveis.

Esta abordagem é essencial para representar graficamente os dados através de quadros e figuras, quantificá-los e torná-los compreensíveis.

**Os principais tipos de medidas estatísticas utilizadas na estatística descritiva são:**

Medidas de tendência central: Estas medidas indicam a posição central ou o valor mais representativo de um conjunto de dados. As medidas de tendência central mais comuns são a média, a mediana e a moda.

Medidas de dispersão: Estas medidas indicam o grau de dispersão ou variabilidade de um conjunto de dados. As medidas de dispersão mais comuns são a amplitude, a variância e o desvio padrão.

Medidas de forma: Estas medidas indicam a forma ou a distribuição de um conjunto de dados. As medidas de forma mais comuns são a assimetria e a curtose.

A estatística descritiva é utilizada em vários domínios, como os negócios, a economia, as ciências sociais e as ciências naturais, para analisar e interpretar dados e tomar decisões informadas.

É uma ferramenta essencial para a análise de dados e é utilizada numa variedade de aplicações, como a visualização de dados, o resumo de dados e a descrição de dados.

Em resumo, a estatística descritiva é um ramo da estatística que se ocupa da recolha, armazenamento, ordenação, tabulação e cálculo dos parâmetros de um conjunto de dados. É utilizada para descrever, resumir e apresentar o comportamento dos dados, traduzindo-os em informação compreensível. Os principais tipos de medidas estatísticas utilizadas na estatística descritiva são as medidas de tendência central, as medidas de dispersão e as medidas de forma.

As estatísticas descritivas são uma parte crucial da extração de dados, uma vez que ajudam a compreender e a resumir as principais características de um conjunto de dados. São utilizadas para descrever a tendência central, a dispersão e a forma dos dados, entre outras características. No contexto da extração de dados, as técnicas estatísticas são aplicadas a grandes conjuntos de dados para extrair informações e padrões relevantes que podem ser utilizados para a tomada de decisões e a modelação preditiva.

Algumas das medidas estatísticas mais utilizadas na extração de dados incluem a média, a mediana, a moda, a variância, o desvio padrão, a assimetria e a curtose. Estas medidas ajudam a descrever a distribuição dos dados e a identificar valores atípicos ou anomalias que podem exigir uma investigação mais aprofundada.

Para além das medidas estatísticas, a prospeção de dados também utiliza técnicas de visualização de dados para os representar de uma forma mais intuitiva e compreensível. Estas técnicas incluem histogramas, gráficos de caixa, gráficos de dispersão e mapas de calor, entre outros.

Em geral, as técnicas estatísticas e a visualização de dados são ferramentas essenciais na extração de dados, uma vez que ajudam a extrair informações significativas de conjuntos de dados grandes e complexos.


## 3.2.    Visualização de dados

A visualização de dados é uma técnica fundamental na análise de dados que envolve a representação gráfica de informações para facilitar a compreensão, identificar padrões, tendências e relações e comunicar eficazmente as conclusões. A visualização de dados é uma ferramenta poderosa para transformar dados complexos em gráficos claros e significativos, facilitando a tomada de decisões informadas.

**Algumas das técnicas de visualização de dados mais utilizadas incluem**

•     Gráficos de barras: utilizados para comparar categorias ou para mostrar a distribuição de dados categóricos.

•     Gráficos de linhas: úteis para mostrar tendências ao longo do tempo ou em sequências ordenadas.

- Diagramas de dispersão: Permitem visualizar a relação entre duas variáveis e detetar padrões ou correlações.
- Histogramas: Apresentam a distribuição de dados numéricos em intervalos ou classes.
- Gráficos de pizza: Utilizados para representar a proporção de diferentes categorias num conjunto de dados.

Para além destas técnicas básicas, as ferramentas avançadas de visualização de dados, como mapas de calor, gráficos de caixa e bigodes, gráficos de bolhas e visualizações interactivas, permitem uma exploração e análise mais profunda e detalhada dos dados.

A visualização de dados é uma parte essencial do processo de análise de dados, uma vez que ajuda a identificar padrões, tendências e relações que podem não ser evidentes nos dados em bruto. Ao apresentar as informações visualmente, facilita-se a interpretação dos dados e melhora-se a tomada de decisões com base nos dados.

### 3.3. Análise de correlação

A análise de avaliação é uma técnica estatística utilizada para determinar a relação entre variáveis. Fornece informações sobre a relação entre variáveis e a força da correlação é determinada pelo coeficiente de correlação, que varia de -1 a +1.

A análise de correlação pode ser utilizada para fazer uma declaração sobre a força e a direção da correlação.

A correlação e a causalidade estão relacionadas, mas não são a mesma coisa. Se a análise de correlação mostrar que duas características estão relacionadas, pode ser testado se uma caraterística pode ser utilizada para prever a outra. No entanto, as correlações não implicam necessariamente relações causais. Por conseguinte, as correlações devem ser investigadas com mais pormenor e nunca devem ser interpretadas imediatamente em termos de conteúdo, apesar da relação aparente.

O coeficiente de correlação pode assumir valores entre -1 e +1. Uma correlação positiva indica que quando a magnitude de uma variável aumenta, a outra variável também aumenta. Uma correlação negativa indica que, quando a magnitude de uma variável aumenta, a outra variável diminui.

A força da relação linear aumenta à medida que o coeficiente de correlação se aproxima de -1 ou +1.

O coeficiente de correlação é calculado através da fórmula de covariância entre duas variáveis dividida pelo produto do desvio padrão de cada variável.

A covariância mede o grau de relação linear entre duas variáveis e o desvio padrão mede a dispersão de uma variável em relação ao seu valor médio.

Existem diferentes métodos para calcular o coeficiente de correlação, tais como o coeficiente de correlação de Pearson, o coeficiente de correlação de Spearman e o coeficiente de correlação de Kendall.

O coeficiente de correlação de Pearson mede a relação linear entre duas variáveis, enquanto os coeficientes de correlação de Spearman e de Kendall medem a relação monotónica entre duas variáveis.

O coeficiente de correlação é uma ferramenta útil para prever o comportamento de uma variável com base no comportamento de outra variável. No entanto, é essencial interpretar corretamente os resultados e ter em conta outros factores que podem influenciar a relação entre as variáveis.

A análise de correlação é uma técnica fundamental na extração de dados que ajuda a identificar a relação entre duas variáveis. É utilizada para medir a força e a direção da relação entre duas ou mais variáveis. A análise de correlação é utilizada numa variedade de domínios, incluindo finanças, marketing, saúde e ciências sociais, entre outros.

O coeficiente de correlação é uma medida estatística que indica a força e a direção da relação entre duas variáveis. O coeficiente de correlação pode assumir valores entre -1 e 1, em que um valor próximo de 1 indica uma forte correlação positiva, um valor próximo de -1 indica uma forte correlação negativa e um valor próximo de 0 indica ausência de correlação.

A análise de correlação é utilizada para identificar padrões e relações nos dados que podem não ser evidentes através de outras medidas estatísticas. Também é utilizada para identificar valores atípicos e anomalias nos dados que possam afetar a análise.

A análise de correlação é utilizada em várias técnicas de extração de dados, como a análise de regressão, o agrupamento e a classificação. A análise de regressão é utilizada para estabelecer uma relação entre variáveis e prever valores com base nessa relação. O agrupamento é utilizado para agrupar pontos de dados semelhantes e a classificação é utilizada para atribuir pontos de dados a categorias predefinidas com base nas suas características.

A análise de correlação também é utilizada na análise exploratória de dados, onde ajuda a identificar padrões e relações nos dados. É utilizada para resumir e descrever os dados, proporcionando uma melhor compreensão dos mesmos antes de aplicar técnicas mais avançadas de extração de dados.

Em resumo, a análise de correlação é uma técnica fundamental na extração de dados que ajuda a identificar a relação entre duas variáveis. É utilizada para medir a força e a direção da relação entre duas ou mais variáveis e é utilizada em várias técnicas de extração de dados, como a análise de regressão, o agrupamento e a classificação. Também é utilizada na análise exploratória de dados para resumir e descrever os dados, proporcionando uma melhor compreensão dos dados antes de aplicar técnicas de extração de dados mais avançadas.

## 4.   Modelação de dados

A modelação de dados é o processo de criação de um modelo matemático que representa a relação entre variáveis num conjunto de dados. O objetivo da modelação de dados é identificar padrões e relações nos dados que possam ser utilizados para fazer previsões ou tirar conclusões. A modelação de dados envolve várias etapas, incluindo

- Preparação dos dados: trata-se de limpar e transformar os dados para os tornar adequados para análise.
- Análise exploratória de dados: envolve a análise de dados para identificar padrões e relações.
- Seleção do modelo: trata-se de escolher um modelo matemático adequado para representar os dados.
- Ajuste do modelo: consiste em estimar os parâmetros do modelo utilizando os dados.
- Avaliação do modelo: trata-se de avaliar o desempenho do modelo através de métricas como a exatidão, a precisão, a recordação e a pontuação F1.

**Existem vários tipos de modelos de dados, incluindo:**

- Modelos de regressão: estes modelos são utilizados para prever uma variável contínua em função de uma ou mais variáveis independentes.
- Modelos de classificação: estes modelos são utilizados para prever uma variável categórica em função de uma ou mais variáveis independentes.
- Modelos de agrupamento: Estes modelos são utilizados para agrupar pontos de dados semelhantes.
- Modelos de séries temporais: estes modelos são utilizados para prever valores futuros de uma variável com base em valores passados.
- Modelos de redes neuronais: estes modelos são utilizados para modelar relações complexas entre variáveis utilizando redes neuronais artificiais.

A modelação de dados é um passo importante na extração de dados, uma vez que permite a criação de modelos preditivos que podem ser utilizados para tomar decisões informadas. Ao identificar padrões e relações nos dados, os modelos de dados podem fornecer informações sobre os processos subjacentes que geram os dados.

Em resumo, a modelação de dados é o processo de criação de um modelo matemático que representa a relação entre as variáveis num conjunto de dados. Envolve várias etapas, incluindo a preparação de dados, a análise exploratória de dados, a seleção de modelos, o ajuste de modelos e a avaliação de modelos. Existem vários tipos de modelos de dados, incluindo modelos de regressão, modelos de classificação, modelos de agrupamento, modelos de séries temporais e modelos de redes neurais. A modelação de dados é um passo importante na extração de dados, pois permite a criação de modelos preditivos que podem ser utilizados para tomar decisões informadas.

A modelação de dados na extração de dados refere-se ao processo de criação de modelos matemáticos baseados em dados para identificar padrões e relações. Estes modelos podem ser utilizados para fazer previsões ou tirar conclusões. A modelação de dados envolve várias etapas, incluindo a preparação de dados, a análise exploratória de dados, a seleção de modelos, o ajuste de modelos e a avaliação de modelos.

Existem vários tipos de modelos de dados utilizados na extração de dados, incluindo modelos de regressão, modelos de classificação, modelos de agrupamento, modelos de séries temporais e modelos de redes neurais.

A escolha do modelo depende do tipo de dados e do problema a resolver.

A modelação de dados é um passo importante na extração de dados, uma vez que permite a criação de modelos preditivos que podem ser utilizados para tomar decisões informadas. Ao identificar padrões e relações nos dados, os modelos de dados podem fornecer informações sobre os processos subjacentes que geram os dados.

Em suma, a modelação de dados na extração de dados é o processo de criação de modelos matemáticos baseados em dados para identificar padrões e relações. Estes modelos podem ser utilizados para fazer previsões ou tirar conclusões. A modelação de dados envolve várias etapas, incluindo a preparação de dados, a análise exploratória de dados, a seleção de modelos, o ajuste de modelos e a avaliação de modelos. Existem vários tipos de modelos de dados utilizados na extração de dados, incluindo modelos de regressão, modelos de classificação, modelos de agrupamento, modelos de séries temporais e modelos de redes neurais. A modelação de dados é um passo importante na extração de dados, pois permite a criação de modelos preditivos que podem ser utilizados para tomar decisões informadas.


## 4.1.  Seleção de variáveis

A seleção de variáveis é um processo em que as variáveis mais relevantes e significativas são identificadas e seleccionadas a partir de um conjunto de dados. Isto é feito para melhorar a precisão e a eficiência dos algoritmos de aprendizagem automática e de extração de dados.

**Existem diferentes métodos e abordagens para a seleção de variáveis, alguns dos quais são:**

•      **Métodos de filtragem**: baseiam-se na avaliação de cada variável individualmente e seleccionam as que são mais relevantes ou relacionadas com a variável-alvo.

•      **Métodos de envolvimento**: baseiam-se na avaliação de subconjuntos de variáveis e seleccionam as que proporcionam a melhor precisão no modelo preditivo.

•      **Métodos incorporados**: Estes métodos estão integrados no próprio algoritmo de aprendizagem automática e seleccionam as variáveis mais relevantes durante o processo de formação.

A seleção de variáveis pode ser supervisionada ou não supervisionada, dependendo do facto de a variável-alvo ser ou não conhecida.

Na seleção supervisionada de variáveis, a variável-alvo é utilizada para avaliar a relevância das variáveis, enquanto na seleção não supervisionada de variáveis, são utilizadas métricas como a entropia ou a distância inter-cluster para avaliar a relevância das variáveis.

A seleção de variáveis é uma técnica importante na extração de dados e na aprendizagem automática, uma vez que ajuda a reduzir a complexidade dos modelos, a melhorar a precisão e a eficiência e a facilitar a interpretação dos resultados.

A seleção das variáveis pode ser feita através de diferentes algoritmos e técnicas, como a regressão linear, a regressão logística, as árvores de decisão, as florestas aleatórias, as redes neuronais artificiais e os algoritmos genéticos, entre outros.

A seleção de variáveis também pode ajudar a identificar e eliminar variáveis redundantes ou irrelevantes, o que pode melhorar o desempenho e a eficiência dos algoritmos de aprendizagem automática e de extração de dados.

Em resumo, a seleção de variáveis é um processo importante na prospeção de dados e na aprendizagem automática, que ajuda a identificar e selecionar as variáveis mais relevantes e significativas num conjunto de dados, melhorando a precisão e a eficiência dos algoritmos e facilitando a interpretação dos resultados.

A seleção de variáveis na extração de dados é uma técnica utilizada para identificar e selecionar as variáveis mais relevantes e significativas num conjunto de dados, a fim de melhorar a precisão e a eficiência dos algoritmos de aprendizagem automática e de extração de dados.

A seleção de variáveis ajuda a resolver dois problemas: ter demasiados dados de baixo valor ou poucos dados de alto valor.

Existem diferentes métodos e abordagens para a seleção de variáveis, tais como os métodos Filter, Wrapper e Embedded.

A seleção de variáveis pode ser supervisionada ou não supervisionada, dependendo do facto de a variável-alvo ser ou não conhecida.

Na seleção supervisionada de variáveis, a variável-alvo é utilizada para avaliar a relevância das variáveis, enquanto na seleção não supervisionada de variáveis, são utilizadas métricas como a entropia ou a distância inter-cluster para avaliar a relevância das variáveis.

A seleção de variáveis é uma técnica importante na extração de dados e na aprendizagem automática, uma vez que ajuda a reduzir a complexidade dos modelos, a melhorar a precisão e a eficiência e a facilitar a interpretação dos resultados.

A seleção das variáveis pode ser feita através de diferentes algoritmos e técnicas, como a regressão linear, a regressão logística, as árvores de decisão, as florestas aleatórias, as redes neuronais artificiais e os algoritmos genéticos, entre outros.

A seleção de variáveis pode também ajudar a identificar e eliminar variáveis redundantes ou irrelevantes, o que pode melhorar o desempenho e a eficiência dos algoritmos de aprendizagem automática e de extração de dados.

Em resumo, a seleção de variáveis é uma técnica importante na extração de dados e na aprendizagem automática, que ajuda a identificar e selecionar as variáveis mais relevantes e significativas num conjunto de dados, melhorando a precisão e a eficiência dos algoritmos e facilitando a interpretação dos resultados.

## 4.2. Métodos de modelação

Com base nos recursos fornecidos, os métodos de modelação no contexto da extração de dados incluem técnicas como a árvore de decisão, a rede neural, a modelação estatística, as regras de associação, a agregação e os algoritmos genéticos.

Estes métodos são utilizados para analisar grandes conjuntos de dados e descobrir padrões, relações e tendências ocultas na informação.

- **Árvore de decisão**: uma estrutura em forma de árvore que ajuda a representar problemas e sequências nos dados, em que os nós de decisão e os nós de probabilidade desempenham um papel crucial.
- **Rede neuronal**: Baseada no funcionamento dos neurónios humanos, esta técnica utiliza nós de entrada, de saída e ocultos para processar informações e aprender padrões.
- **Modelação estatística**: Utiliza equações matemáticas para prever resultados com base em relações entre variáveis nos dados.
- **Regras de associação**: Encontra combinações de itens que ocorrem com mais frequência numa base de dados, como no caso de associar a intenção de compra de um cliente a outros produtos.
- **Agrupamento**: Agrupamento de elementos em conjuntos de dados com semelhanças, permitindo identificar padrões e relações entre os dados.
- **Algoritmos genéticos**: baseados na teoria da evolução, estes algoritmos ajudam a encontrar soluções óptimas para problemas complexos.

Estes métodos de modelização são fundamentais para a extração de dados, uma vez que permitem extrair informações relevantes, prever resultados e descobrir padrões significativos em grandes conjuntos de dados, o que é crucial para a tomada de decisões informadas nas empresas e noutros sectores.

**As ferramentas mais utilizadas para a modelação de dados na extração de dados incluem**

**Orange:** Uma ferramenta que oferece um software sem descontinuidades para o desenvolvimento de processos de extração de dados, com widgets para visualização e processamento. Está escrito em Python e é fácil de utilizar.

**Rapid Miner:** uma plataforma que se centra na análise e na inteligência empresarial, com um processo rápido de entrega de dados e estruturas fáceis de utilizar para a extração de dados.

**Teradata**: uma base de dados que recolhe informações específicas sobre as vendas, as preferências dos clientes e a colocação de produtos, ideal para a extração de dados centrada nas vendas.

**KNIME**: uma ferramenta de fonte aberta que integra a importação, a preparação, a exploração e a modelização de dados, com uma interface fácil de utilizar e centenas de nós para diferentes acções.

**Xplenty:** um software sem código que ajuda as empresas a criar facilmente condutas de dados, integrando todas as fontes de dados e criando modelos preditivos.

**Rapid Miner Studio Free**: uma ferramenta gratuita de código aberto baseada num motor Java, com aplicações para extração de texto, aprendizagem automática e análise preditiva.

**WEKA** : um software de aprendizagem automática que inclui ferramentas de pré-processamento de dados, classificação, agrupamento e regras de associação.

Estas ferramentas oferecem diferentes funcionalidades e são utilizadas para diferentes fins, mas todas são úteis para a modelação de dados na extração de dados.

## 4.3.  Avaliação do modelo

A avaliação de modelos na extração de dados é uma etapa crucial que ajuda a avaliar o desempenho e a precisão dos modelos criados. O processo de avaliação envolve a utilização de várias ferramentas e técnicas para testar modelos num conjunto de dados e comparar os seus resultados com os resultados reais.

Uma das ferramentas mais utilizadas para a extração de dados é o KNIME, que integra as principais funcionalidades dos projectos de extração de dados, incluindo a importação, preparação, exploração, modelação, validação e elaboração de relatórios. O KNIME oferece centenas de nós que proporcionam diferentes tipos de acções, como a integração e manipulação de dados, a visualização, a modelação, a validação, a elaboração de relatórios e a escrita de dados. Também suporta integrações com Java, Python, R e WEKA, proporcionando a flexibilidade de programar funções personalizadas num fluxo de trabalho.

Outro aspeto importante da avaliação de modelos é a seleção de características, que ajuda a resolver o problema de ter demasiados dados irrelevantes ou poucos dados valiosos. A seleção de características consiste em restringir as entradas para processamento e análise ou em encontrar as entradas mais significativas. É fundamental para criar um modelo adequado, uma vez que reduz a cardinalidade e melhora a qualidade do modelo. Também torna o processo de modelação mais eficiente, reduzindo os requisitos de CPU, memória e armazenamento.

Em resumo, a avaliação de modelos na extração de dados é uma etapa crítica que envolve a utilização de várias ferramentas e técnicas para avaliar o desempenho e a precisão dos modelos gerados. O KNIME é uma ferramenta amplamente utilizada que fornece as principais funcionalidades para projectos de extração de dados, incluindo a integração, manipulação, visualização, criação de modelos, validação e elaboração de relatórios. A seleção de características é outro aspeto importante da avaliação de modelos, que ajuda a resolver o problema de ter demasiados dados irrelevantes ou poucos dados valiosos.

As ferramentas mais utilizadas para a avaliação de modelos na extração de dados são Scikit-learn, Matplotlib, Seaborn, IBM Modeler, RapidMiner, KNIME e Orange. Estas ferramentas oferecem várias funcionalidades para a visualização de dados, o pré-processamento, a construção de modelos, a validação e a elaboração de relatórios, permitindo aos analistas e cientistas de dados efetuar análises avançadas e avaliar o desempenho e a precisão dos modelos.

## 5.     Avaliação e validação do modelo

A avaliação e a validação de modelos na extração de dados são passos cruciais para garantir a exatidão e a fiabilidade dos resultados. A seleção de variáveis é um problema comum na extração de dados, sendo utilizadas várias técnicas para o resolver, como as propriedades geométricas dos estimadores, o coeficiente de determinação corrigido ou ajustado, o coeficiente Cp de Mallows, o método de validação cruzada, o critério de informação de Akaike (AIC) e o critério de informação Bayesiano (BIC), e a utilização de software como o R

A avaliação de modelos na extração de dados também é importante e envolve a avaliação do desempenho dos modelos em termos absolutos e relativos, bem como a comparação de diferentes modelos para determinar qual é o melhor.

O processo de avaliação inclui o treino e o teste do modelo, utilizando técnicas como a divisão dos dados em 2/3 para treino e 1/3 para teste, e a utilização de diferentes métodos e tipos de problemas para comparar o desempenho do modelo.

A avaliação do modelo pode ser efectuada utilizando ferramentas como o Orange ML, que oferece funcionalidades de visualização de dados, pré-processamento, modelação, validação e elaboração de relatórios.

Outras ferramentas, como Scikit-learn, Matplotlib, Seaborn, IBM Modeler, RapidMiner e KNIME, também são normalmente utilizadas para avaliar modelos na extração de dados.

Em resumo, a avaliação e validação de modelos na extração de dados envolve várias técnicas e ferramentas para garantir a exatidão e a fiabilidade dos resultados. A seleção de variáveis é um problema comum e são utilizadas várias técnicas para o resolver. A avaliação de modelos envolve a avaliação do desempenho dos modelos em termos absolutos e relativos, bem como a comparação de diferentes modelos para determinar qual é o melhor. Ferramentas como o Orange ML, Scikit-learn, Matplotlib, Seaborn, IBM Modeler, RapidMiner e KNIME são normalmente utilizadas para avaliar modelos na extração de dados.

A validação de modelos na extração de dados é efectuada através de diferentes métodos e técnicas para garantir a precisão e a fiabilidade dos modelos gerados.

**Algumas das formas mais comuns de validação de modelos na extração de dados incluem**

Divisão de dados: Consiste em dividir o conjunto de dados em duas partes, uma para treinar o modelo e outra para o testar. Esta divisão permite que o desempenho do modelo seja avaliado em dados não vistos durante o treino.

**Validação cruzada**: Uma técnica utilizada após a criação de uma estrutura de extração de dados e modelos relacionados para determinar a sua eficácia. A validação cruzada envolve dividir o conjunto de dados em vários subconjuntos, treinar o modelo numa parte e testá-lo noutra, repetindo este processo várias vezes para obter uma avaliação mais robusta do modelo.

**Bootstrap**: Método de reamostragem que consiste em criar várias amostras de dados a partir do conjunto de dados original, permitindo avaliar a estabilidade e a exatidão do modelo expondo-o a diferentes conjuntos de dados.

**Matriz de confusão**: Uma ferramenta que mostra o desempenho de um modelo de classificação, permitindo a visualização de acertos e erros na previsão de classes.

Estes métodos e técnicas de validação são essenciais para garantir que os modelos de extração de dados são exactos, fiáveis e se generalizam bem a novos dados, o que é essencial para a tomada de decisões informadas com base na análise de dados.


## 5.1. Métricas de avaliação

As métricas de avaliação em data mining são medidas quantitativas utilizadas para avaliar o desempenho dos modelos gerados num conjunto de dados. Estas métricas são essenciais para comparar diferentes modelos e selecionar os que têm melhor desempenho para os objectivos do projeto. Nos problemas de classificação, são utilizadas métricas como a exatidão, a precisão, a sensibilidade, a pontuação F1 e o AUC-ROC, enquanto nos problemas de regressão são utilizadas métricas como o MAE, o MSE, o RMSE e o R2. É essencial selecionar a métrica de avaliação adequada de acordo com o tipo de problema a resolver, uma vez que cada métrica tem uma interpretação específica e pode ser mais apropriada de acordo com os objectivos do projeto.

**As métricas de avaliação mais comuns na extração de dados incluem:**

- Precisão: Mede a proporção de previsões correctas feitas pelo modelo.
- Precisão: Indica a proporção de previsões positivas correctas entre todas as previsões positivas.
- Sensibilidade: Representa a proporção de casos positivos que foram corretamente identificados pelo modelo.
- Pontuação F1: Uma medida que combina precisão e sensibilidade numa única métrica.
- AUC-ROC: A área sob a curva caraterística de funcionamento do recetor, que avalia a capacidade de discriminação do modelo em problemas de classificação.

Estas métricas são essenciais para avaliar o desempenho dos modelos na extração de dados e são utilizadas para comparar diferentes modelos e selecionar os que melhor se adequam aos objectivos do projeto.

## 5.2.    Validação cruzada

A validação cruzada é uma técnica utilizada na extração de dados para avaliar a generalização de um modelo. Consiste em dividir o conjunto de dados em vários subconjuntos, chamados "folds", em que o modelo é treinado numa parte dos dados e avaliado noutra. Este processo é repetido várias vezes, de modo a que cada subconjunto seja utilizado tanto para a formação como para a avaliação, o que permite uma estimativa mais robusta do desempenho do modelo, evitando a sobreadaptação a um conjunto de dados específico.

Por outro lado, a validação holdout é uma técnica de avaliação de modelos em que o conjunto de dados é dividido em dois subconjuntos, um para treino e outro para validação. A principal diferença entre as duas técnicas é que, na validação cruzada, cada subconjunto é utilizado para validação, ao passo que na validação de retenção apenas é utilizado um subconjunto específico. A validação cruzada é considerada mais robusta e menos suscetível à variabilidade dos dados, uma vez que permite que todos os dados sejam utilizados para formação e validação.

A validação cruzada é essencial para garantir que o modelo é capaz de se generalizar bem a novos dados e não é influenciado pela partição dos dados utilizados na formação e na avaliação.

## 6.3 Sobreajustamento e subajustamento

O sobreajuste e o subajuste são dois problemas comuns na aprendizagem automática e na extração de dados, que podem afetar o desempenho dos modelos preditivos. O sobreajuste ocorre quando um modelo se ajusta demasiado bem aos dados de treino, o que resulta numa fraca generalização a dados novos e não vistos. O subajustamento, por outro lado, ocorre quando um modelo é demasiado simples e não se ajusta adequadamente aos dados de treino, resultando num fraco desempenho mesmo nos próprios dados de treino.

Para resolver estes problemas, podem ser utilizadas várias técnicas. Por exemplo, a validação cruzada é uma técnica utilizada para estimar o desempenho de um modelo, dividindo os dados em várias dobras e treinando e testando o modelo em cada dobra. Isto ajuda a garantir que o modelo não se ajusta excessivamente ou insuficientemente a subconjuntos específicos dos dados.

Outra técnica é a utilização de métodos de regularização, que podem ajudar a evitar o sobreajuste, adicionando um termo de penalização à função objetivo do modelo. Este termo de penalização incentiva o modelo a ser mais simples e menos propenso a sobreajustar.

Além disso, é importante garantir que os dados de treino são representativos da população e que existem dados suficientes para treinar o modelo de forma eficaz. Isto pode ajudar a evitar tanto o sobreajuste como o subajuste, uma vez que um modelo treinado num conjunto de dados grande e diversificado tem mais probabilidades de se generalizar bem a novos dados.

Em resumo, o sobreajuste e o subajuste são problemas comuns na aprendizagem automática e na extração de dados, mas há várias técnicas que podem ser utilizadas para os resolver, como a validação cruzada, a regularização e a garantia de que os dados de treino são representativos e diversificados.

## 6.    Aplicação de modelos de extração de dados

A aplicação de modelos de extração de dados refere-se ao processo de utilização de modelos de extração de dados para extrair padrões, relações e conhecimentos úteis de grandes conjuntos de dados. Este processo envolve a seleção de técnicas de extração de dados adequadas, a avaliação do seu desempenho utilizando várias métricas e a aplicação dos modelos com melhor desempenho a novos dados para gerar previsões e conhecimentos.

No contexto da extração de dados, são utilizadas várias ferramentas e técnicas para avaliar e validar o desempenho dos modelos de extração de dados. Por exemplo, a validação cruzada é um método comummente utilizado para estimar a precisão de um modelo, dividindo os dados em vários subconjuntos e treinando e testando o modelo em cada subconjunto.

Depois de os modelos terem sido avaliados e validados, podem ser aplicados a novos dados para gerar previsões e conhecimentos. Isto pode ser feito utilizando várias ferramentas e técnicas, como software de extração de dados ou linguagens de programação como Python, que oferecem uma vasta gama de bibliotecas e ferramentas para tarefas de extração de dados.

Em resumo, a modelação da extração de dados envolve a utilização de modelos de extração de dados para extrair padrões, relações e conhecimentos úteis de grandes conjuntos de dados. Este processo envolve a seleção de técnicas de extração de dados adequadas, a avaliação do seu desempenho utilizando várias métricas e a aplicação dos modelos com melhor desempenho a novos dados para gerar previsões e conhecimentos.

## 7.1 Previsão e classificação

A previsão e a classificação são dois métodos principais utilizados na extração de dados para analisar e explorar dados.

A previsão é o processo de identificar ou prever dados em falta ou indisponíveis para uma nova observação com base nos dados anteriores de que dispomos.

O modelo utilizado para prever o valor desconhecido é designado por preditor.

O preditor é construído a partir de um conjunto de treino e a sua precisão refere-se à forma como pode estimar o valor de novos dados.

A classificação, por outro lado, é o processo de encontrar um bom modelo que descreva classes de dados ou conceitos, e o objetivo da classificação é prever a classe de objectos cuja etiqueta de classe é desconhecida.

Em termos simples, podemos pensar que a classificação consiste em categorizar os novos dados recebidos de acordo com as nossas suposições actuais ou passadas.

O modelo utilizado para classificar o valor desconhecido é designado por classificador.

A precisão do classificador pode ser referida como a capacidade do classificador para prever corretamente o rótulo da classe, e a precisão do preditor pode ser referida como a forma como um determinado preditor pode estimar o valor desconhecido.

A velocidade do método depende do custo computacional da geração e utilização do classificador/previsor.

A robustez é a capacidade de fazer previsões ou classificações correctas. No contexto da extração de dados, a robustez é a capacidade de o classificador ou preditor fazer previsões correctas com base na escalabilidade. A escalabilidade refere-se a um aumento ou diminuição do desempenho do classificador ou preditor em função do número de dados.

A interpretabilidade pode referir-se à facilidade com que podemos compreender o raciocínio subjacente às previsões ou classificações efectuadas.

Antes de aplicar métodos de classificação ou de previsão, é necessário efetuar duas operações principais nos dados: limpeza dos dados e análise da relevância.

A limpeza de dados é o pré-processamento de dados, a remoção de ruído dos dados, a limpeza dos dados e a correção de valores de dados em falta ou desconhecidos.

A análise de relevância é a análise de dados para encontrar os dados relevantes para o problema.

Por exemplo, utilizamos a análise de correlação para comparar as diferentes classes no método de classificação.

Depois de limpar os dados e de os analisar, pode ser necessário normalizar os dados resultantes, porque os dados normalizados permitem prever com maior exatidão um valor desconhecido.

A normalização pode ser conseguida escalando todos os valores do conjunto de dados de 0 a 1 no intervalo

A classificação e a previsão são conceitos relacionados, mas diferentes, na extração de dados. A classificação envolve a previsão do rótulo da classe de uma nova observação com base em dados de treino, enquanto a previsão envolve a estimativa do valor de uma variável contínua.

Ambos os métodos são importantes na extração de dados e são utilizados para extrair padrões, relações e conhecimentos úteis de grandes conjuntos de dados.

A classificação e a previsão são duas técnicas comuns utilizadas na extração de dados para analisar e extrair informações úteis de grandes conjuntos de dados. A classificação é o processo de categorizar os dados em diferentes classes de acordo com determinadas características, enquanto a previsão é o processo de prever tendências ou eventos futuros com base em dados históricos.

No contexto da extração de dados, a classificação é utilizada para identificar padrões e relações nos dados, que podem ser utilizados para fazer previsões sobre eventos ou comportamentos futuros.

Os modelos de classificação são treinados em dados rotulados, o que significa que os dados já foram categorizados em diferentes classes.

O modelo aprende a reconhecer padrões e relações entre as características dos dados e as etiquetas de classe correspondentes, podendo depois ser utilizado para prever a etiqueta de classe de dados novos e não etiquetados.

A previsão, por outro lado, é o processo de utilização de dados históricos para fazer previsões sobre eventos ou tendências futuras.

Os modelos preditivos são treinados com base em dados históricos e utilizam algoritmos estatísticos ou de aprendizagem automática para identificar padrões e relações entre as características dos dados e a variável-alvo.

Depois de o modelo ter sido treinado, pode ser utilizado para fazer previsões sobre dados novos e não vistos com base nos padrões e relações que aprendeu com os dados históricos.

Em resumo, a classificação e a previsão são duas técnicas importantes utilizadas na extração de dados para analisar e extrair informações úteis de grandes conjuntos de dados. A classificação é utilizada para categorizar os dados em diferentes classes de acordo com determinadas características, enquanto a previsão é utilizada para prever tendências ou acontecimentos futuros com base em dados históricos.

Ambas as técnicas são utilizadas para identificar padrões e relações nos dados, que podem ser utilizados para tomar decisões informadas e fazer previsões sobre eventos ou comportamentos futuros.

## 7.2 Agrupamento e segmentação

O agrupamento e a segmentação são dois conceitos relacionados mas distintos na extração de dados, que envolvem a organização de dados em grupos ou categorias com base em determinadas características ou atributos.

O agrupamento, também conhecido como clustering, é uma técnica utilizada para agrupar pontos de dados semelhantes com base nos seus atributos ou características. O objetivo do agrupamento é identificar padrões ou estruturas nos dados que não sejam imediatamente óbvios e agrupar pontos de dados semelhantes de uma forma que faça sentido. O agrupamento pode ser utilizado para uma variedade de fins, como a identificação de segmentos de clientes, a deteção de fraudes ou a identificação de padrões em dados médicos.

A segmentação, por outro lado, é o processo de dividir uma população ou um conjunto de dados em grupos mais pequenos com base em determinadas características ou atributos. O objetivo da segmentação é criar grupos homogéneos que sejam semelhantes de alguma forma, como a demografia, o comportamento ou as preferências. A segmentação é frequentemente utilizada no marketing e na publicidade para visar grupos específicos de clientes ou para compreender o seu comportamento.

Em resumo, o agrupamento e a segmentação são técnicas utilizadas para organizar os dados em grupos ou categorias, mas diferem nos seus objectivos e métodos. O agrupamento centra-se na identificação de padrões ou estruturas nos dados, enquanto a segmentação se centra na divisão de uma população ou conjunto de dados em grupos homogéneos com base em determinadas características ou atributos.

### 7.3 Associação de regras

O termo "regras de associação" refere-se a regras de associação no contexto da extração de dados e da aprendizagem automática. As regras de associação são utilizadas para descobrir padrões ou relações comuns num conjunto de dados específico. Estas regras baseiam-se no conceito de identificação de associações entre diferentes elementos ou variáveis nos dados. Ao analisar estas associações, é possível obter informações valiosas, tais como compreender quais os artigos que são frequentemente comprados em conjunto num supermercado ou identificar padrões no comportamento dos clientes.

As regras de associação são amplamente utilizadas numa série de domínios, incluindo a análise de cabazes de compras, a extração de dados da Web, a deteção de intrusões e a bioinformática. Ajudam a descobrir padrões e relações ocultos que podem ser aproveitados para processos de tomada de decisões, tais como estratégias de marketing direccionadas ou recomendações personalizadas.

Em suma, a "Associação de Regras" desempenha um papel crucial na extração de dados, revelando relações e padrões interessantes em conjuntos de dados, o que pode conduzir a conhecimentos valiosos e à tomada de decisões informadas.

### 7.    Considerações éticas e jurídicas

As considerações éticas e jurídicas na extração de dados são essenciais para garantir a privacidade, o consentimento, a transparência e a proteção dos dados.

A anonimização é uma técnica utilizada para proteger a privacidade dos indivíduos, mas não é infalível e pode dificultar a deteção de enviesamentos ou outros problemas nos algoritmos de extração de dados. A prospeção de dados necessita de um código de ética, uma vez que as evidências quotidianas indicam que nem todas as informações provenientes da prospeção de dados partem do princípio de que o indivíduo lhes fornece as informações que geram a partir do cartão de crédito, da utilização do telefone, etc. O utilizador pode indicar o contrário, mas para isso é necessário escrever uma carta e enviá-la para a sede da empresa, o que implica cultura, tempo e despesas. O código de ética é necessário para garantir que a extração de dados é feita de forma ética e responsável e para libertar todo o potencial da extração de dados, protegendo simultaneamente os direitos dos indivíduos. A prospeção de dados tornou-se uma ferramenta essencial para os BDC identificarem tendências e oportunidades de investimento, melhorarem as estratégias de marketing e tomarem decisões mais informadas sobre investimentos, marketing e outros aspectos da atividade.

As principais preocupações éticas na extração de dados incluem a privacidade, o consentimento, a transparência e a responsabilidade. Estas preocupações decorrem da possibilidade de a prospeção de dados ser utilizada para recolher e analisar informações pessoais sem o conhecimento ou o consentimento do indivíduo, o que pode conduzir a violações da privacidade, discriminação e outros impactos negativos. Para responder a estas preocupações, devem ser seguidas directrizes e quadros éticos, como o Código de Ética da ACM, o RGPD e os Princípios de IA da Asilomar, para garantir que a extração de dados se alinha com os valores e interesses das partes interessadas. A extração de dados deve também ser objeto de deliberação, consulta e avaliação ética, e considerar os potenciais benefícios e danos para a sociedade e o ambiente. Além disso, devem ser tomadas medidas para garantir a qualidade dos dados, a privacidade, a segurança, a escalabilidade e as considerações éticas, tais como a obtenção de consentimento informado, a utilização de cifragem, firewalls e cópias de segurança, a monitorização e auditoria das actividades de extração de dados e a comunicação e resposta a quaisquer incidentes ou violações de segurança. As considerações éticas são cruciais na extração de dados genéticos, quando estão envolvidas informações genéticas sensíveis, e na tomada de decisões empresariais, quando a extração de dados pode fornecer informações valiosas, mas deve ser abordada de forma ética e responsável para evitar potenciais riscos e impactos negativos.


## 9.1 Proteção de dados

A privacidade dos dados na extração de dados refere-se à capacidade de os indivíduos controlarem a recolha e a utilização dos seus dados. A extração de dados é um processo analítico que identifica padrões ocultos e relações sistemáticas nos dados, com o objetivo final de previsão e aplicação comercial.

Privacidade, consentimento e propriedade são conceitos relacionados quando se trata de dados do utilizador. A privacidade é definida como o estado de estar livre da atenção do público, e a fronteira entre o privado e o público é considerada violada quando a propriedade dos dados pessoais dos clientes é violada e exposta publicamente.

As tecnologias da informação (TI) assumem muitas formas, como os computadores portáteis, os smartphones, a Internet, os jogos em nuvem, as aplicações para telemóveis, e a vida quotidiana dos indivíduos está cada vez mais dependente da tecnologia, que continua a registar, comunicar, sintetizar e organizar todos os dados úteis sobre eles e a recolher dados para sua utilização.

A privacidade dos dados é uma questão crítica tanto para as empresas como para os indivíduos, uma vez que a era digital traz consigo benefícios inestimáveis, mas também preocupações significativas sobre a recolha e o armazenamento de informações pessoais e confidenciais.

A privacidade dos dados refere-se à proteção dos dados pessoais e confidenciais contra o acesso, a utilização e a divulgação não autorizados, enquanto a proteção dos dados inclui a privacidade e a segurança dos dados.

A segurança dos dados é vital para evitar fugas de dados e ciberataques, enquanto a privacidade dos dados é essencial para manter a confidencialidade e proteger os direitos de privacidade dos utilizadores.

## Responsabilidade e transparência

A prospeção de dados é um processo de descoberta de padrões e de conhecimentos a partir de grandes quantidades de dados. É importante garantir que a extração de dados seja efectuada de forma responsável e transparente para proteger os direitos das pessoas e manter a confiança. Seguem-se algumas considerações fundamentais para uma extração de dados responsável e transparente:

**Ética**: A extração de dados deve ser conduzida de acordo com orientações e quadros éticos, como o Código de Ética da ACM, o RGPD ou os Princípios de IA da Asilomar, para garantir o alinhamento com os valores e interesses das partes interessadas.

**Consideração dos benefícios e dos danos**: A extração de dados deve considerar os potenciais benefícios e danos para a sociedade e o ambiente e empenhar-se na deliberação, consulta e avaliação éticas.

**Qualidade dos dados**: A extração de dados deve garantir a qualidade dos dados, incluindo a exatidão, a exaustividade e a relevância, para assegurar resultados fiáveis e significativos.

**Privacidade**: A extração de dados deve proteger a privacidade das pessoas através da obtenção de consentimento informado, da utilização de cifragem, firewalls ou cópias de segurança e da monitorização e auditoria das actividades de extração de dados.

**Segurança**: A extração de dados deve garantir a segurança dos dados, prevenindo ou atenuando os riscos de violações ou perdas de dados e comunicando e respondendo a quaisquer incidentes ou violações de segurança.

**Transparência**: A extração de dados deve ser transparente nos seus métodos, objectivos e resultados e fornecer explicações claras e compreensíveis às partes interessadas.

**Responsabilidade**: A exploração de dados deve ser responsável pelas suas acções e decisões e prever mecanismos de reparação e correção em caso de erros ou violações.

Seguindo estas considerações, a extração de dados pode ser efectuada de forma responsável e transparente, garantindo a proteção dos direitos individuais e mantendo a confiança.

### 9.3 Conformidade regulamentar

A conformidade regulamentar na extração de dados é crucial para garantir a proteção da privacidade e os direitos dos indivíduos. Os regulamentos, como o Regulamento Geral sobre a Proteção de Dados (RGPD) da União Europeia, estabelecem directrizes para a utilização ética e legal dos dados pessoais. É essencial que as organizações de extração de dados cumpram estes regulamentos para evitar potenciais sanções e para proteger a confidencialidade da informação recolhida. Além disso, a conformidade com regulamentos como o RGPD implica a obtenção do consentimento adequado dos indivíduos para o processamento dos seus dados, garantindo a segurança da informação e respeitando os direitos de privacidade dos indivíduos. Em suma, a conformidade na extração de dados é essencial para garantir a transparência, a responsabilidade e o respeito pela privacidade dos dados dos utilizadores.

O Regulamento Geral sobre a Proteção de Dados (RGPD) é um regulamento que rege a proteção de dados e a privacidade na União Europeia (UE) e no Espaço Económico Europeu (EEE). Trata-se de um regulamento abrangente que estabelece um conjunto único de regras para a proteção de dados pessoais em todos os Estados-Membros da UE. O GDPR aplica-se a todas as empresas que processam dados pessoais de residentes da UE, independentemente da localização da empresa.

O RGPD estabelece direitos específicos para as pessoas no que diz respeito aos seus dados pessoais, incluindo o direito de acesso, retificação, apagamento, oposição ao tratamento e portabilidade dos dados. Também impõe obrigações aos responsáveis pelo tratamento de dados e aos subcontratantes, incluindo a obrigação de obter o consentimento, aplicar medidas técnicas e organizativas adequadas para garantir a segurança dos dados pessoais e notificar as violações de dados às autoridades de controlo e às pessoas afectadas.

O RGPD prevê sanções significativas em caso de incumprimento, incluindo coimas que podem atingir 4% das receitas anuais globais ou 20 milhões de euros (consoante o valor mais elevado). Estabelece também um novo quadro regulamentar para a proteção de dados, incluindo a criação de um Comité Europeu para a Proteção de Dados (CEPD) para supervisionar a aplicação do RGPD e garantir a coerência entre os Estados-Membros da UE.

O RGPD é um regulamento complexo que exige uma análise e um planeamento cuidadosos para garantir a conformidade. É importante que as empresas compreendam os requisitos do RGPD e tomem as medidas adequadas para garantir a conformidade, incluindo a implementação de medidas técnicas e organizacionais adequadas para proteger os dados pessoais, obtendo o consentimento sempre que necessário e fornecendo aos indivíduos os direitos e recursos exigidos pelo RGPD.

A extração de dados é uma ferramenta estratégica que eleva os níveis de competência no mundo empresarial, permitindo a rápida identificação e análise de informações relevantes para uma tomada de decisão eficaz.

A capacidade de armazenar dados cresceu exponencialmente, mas as técnicas que podem processar e compreender dados estruturados e não estruturados são essenciais para apoiar a tomada de decisões numa variedade de áreas.

A extração de dados oferece vantagens significativas, como a facilidade de utilização e a aplicabilidade de conhecimentos especializados adequados, mas também exige um esforço adicional para estabelecer medidas de avaliação do desempenho.

Ao converter os dados em informação avaliada e conhecimento para ação, a prospeção de dados fornece o apoio necessário para a tomada de decisões informadas, orientando as empresas para a consecução das suas metas e objectivos.

Estas conclusões sublinham a importância e o impacto positivo que a extração de dados pode ter nas organizações, fornecendo informações valiosas para a tomada de decisões estratégicas e melhorando a competitividade das empresas.

# Referências

Ackoff, Russell L. (1989). "From data to wisdom" [Dos dados à sabedoria]. Journal of applied systems analysis, n.º 16, p. 3-9.

Agrawal, Rakesh; Imielinski, Tomasz; Swami, Arun (1993). "Regras de associação de mineração entre conjuntos de itens em grandes bases de dados". Actas da Conferência ACM SIGMOD de 1993. <http://rakesh.agrawal-family.com/papers/sigmod93assoc.pdf>. [Acedido em: 1-05-2006].

Agrawal, Rakesh; Srinkant, Ramakrishnan (2000). "Extração de dados com preservação da privacidade". Actas da conferência ACM SIGMOD de 2000 sobre gestão de dados. p. 439-450. <http://doi.acm.org/10.1145/342009.335438> . [Acedido em: 1-05-2006].

Associação Americana de Bibliotecas. A lei patriota dos EUA na biblioteca. <http://www.ala.org/ala/oif/ifissues/usapatriotactlibrary.htm>. [Acedido em: 30-04-2006].

Banerjee, K. (1998). "Is data mining right for your library?" Computers in libraries, vol. 18, n.º 10, p. 28-31.

Bellinger, Gene; Castro, Durval; Mills, Anthony (1994). Dados, informação, conhecimento e sabedoria. <http://www.systems-thinking.org/dikw/dikw.htm>. [Acedido em: 1-05-2006].

Bereijo Martínez, Antonio (1998). "Caracterização do conceito de 'qualidade' na catalogação descritiva: factores que afectam a conceção dos objectivos". Boletim Millares Carlo, n.º 17, p. 319-355. <http://dialnet.unirioja.es/servlet/fichero_articulo?articulo=1700760&orden=37277>. [Consulta: 12/04/2006].

Bollen, Johan; Luce, Rick; Vemulapalli, Soma Sekhara; Weining, Xu (2003). "Análise de utilização para a identificação de tendências de investigação em bibliotecas digitais". Revista D-lib, maio, vol. 9, n.º 5, <http://www.dlib.org/dlib/may03/bollen/05bollen.html>. [Acedido em: 31-03-2006].

Borgman, Christine L. (1986). "Porque é que os catálogos em linha são difíceis de utilizar? Lessons learnend from information-retrieval studies" Journal of the American society for information science, vol. 37, n.º 6, p. 387-400. <http://www3.interscience.wiley.com/cgi-bin/abstract/57783/>. [Acedido em: 7-05-2006].

Brin, Sergey; Motwani, Rajeev; Ullman, Jeffrey D.; Tsur, Shalom (1997). "Contagem dinâmica de conjuntos de itens e regras de implicação para dados do cabaz de compras". Actas da conferência ACM SIGMOD de 1997. p. 255-264 <http://doi.acm.org/10.1145/253260.253325>. [Acedido em: 1-05-2006].

Casey, Michael (2005). "Trabalhando para uma definição de Biblioteca 2.0". Library Crunch: bringing you a library 2.0 perspective, 21 de outubro de 2005. <http://www.librarycrunch.com/2005/10/working_towards_a_definition_o.htm>. [Acedido em: 16-05-2006].

Chi-Wing Wong, Raymond; Wai-Chee Fu, Ada; Wang, Ke (2005). "Extração de dados para seleção de artigos de inventário com considerações de venda cruzada". Data mining and knowledge discovery, julho de 2005, vol. 11, n.º 1, p. 81-112.

Cleveland, Harland (1982). "A informação como recurso". The futurist, dezembro, p. 34-39.

Clifton, Chris; Doan, Anhai; Elmagarmid, Ahmed; Kantarcioglu, Murat; Schadow, Gunther; Suciu, Dan; Vaidya, Jaideep (2004). "Preservação da privacidade, integração e partilha de dados". Arquivo de extração de dados e descoberta de conhecimentos. Actas do 9º workshop ACM SIGMOD sobre questões de investigação em exploração de dados e descoberta de conhecimentos. p. 19-26. <http://doi.acm.org/10.1145/1008694.1008698>. [Consulta: 21-04-2006].

Cox, Kenneth C.; Eick, Stephen G.; Wills, Graham J.; Brachman, Ronald J. (1997). "Breve descrição da aplicação; extração de dados visuais: reconhecimento de fraudes em chamadas telefónicas". Data mining and knowledge discovery, June, vol. 1, no. 2, p. 225-231.

Crawford, Walt (2006). "Biblioteca 2.0 e 'Biblioteca 2.0'". Cites & insights, vol. 6, no. 2, p. 1-32. <http://cites.boisestate.edu/civ6i2.pdf> [Acedido em: 16-05-2006].

Cullen, Kelvin (2005). "Mergulhar nos dados". Library journal August, vol. 130, no. 13, p. 30-32. <http://www.libraryjournal.com/article/CA633325.html>. [Acedido em 26-04-2006].

Domingo-Ferrer, Josep; Torra, Vicenç (2005). "Privacidade na extração de dados". Data mining and knowledge discovery, setembro, vol. 11, no. 2, p. 117-119.

Domínguez Sanjurjo, Mª Ramona (1996). Novas formas de organização e serviços na biblioteca pública. Gijón: Trea

Espanha. "Ley orgánica 15/1999, de 13 de diciembre, de protección de datos de carácter personal". oletín Oficial del Estado, 14 de dezembro de 1999, núm. 298, p. 43088-43099.

Fawcett, Tom; Provost, Foster (1997). "Adaptive fraud detection" (deteção de fraude adaptável). Data mining and knowledge discovery, setembro, vol. 1, n.º 3, p. 291-316.

Fayyad, Usama M.; Piatetsky-Shapiro, Gregory; Smyth, Padhraic (1996). "Da extração de dados à descoberta de conhecimentos: uma visão geral". Em: Fayyad, Usama M.; Piatetsky-Shapiro, Gregory; Smyth, Padhraic (ed.). Advances in knowledge discovery and data mining. Califórnia: AAAI Press, The MIT Press, p. 1-36.

Fayyad, Usama; Simoudis, Evangelos (1995). Knowledge discovery and data mining. <http://www-aig.jpl.nasa.gov/public/kdd95/tutorials/IJCAI95-tutorial.html> . [Acedido em: 1-05-2006].

Fayyad, Usama; Uthurusamy, Ramasamy (1996). "Extração de dados e descoberta de conhecimentos em bases de dados". Communications of the ACM, novembro, vol. 39, n.º 11, p. 24-26. <http://doi.acm.org/10.1145/240455.240463> . [Acedido em: 1-05-2006].

Federação Internacional de Associações e Instituições de Bibliotecas; Organização das Nações Unidas para a Educação, Ciência e Cultura (2001). Directrizes da IFLA/UNESCO para o desenvolvimento de serviços de bibliotecas públicas. 94 p. <http://www.ifla.org/VII/s8/news/pg01-s.pdf>. [Acedido em 4-04-2006].

Fernández Molina, Juan Carlos; Moya Anegón, Félix de (1998). Online public access catalogues: the future of bibliographic information retrieval. Málaga: Asociación Andaluza de Bibliotecarios, 197 p.

Geyer-Schulz, Andreas; Neumann, Andreas; Thede, Anke (2003). "Uma arquitetura para sistemas de recomendação de bibliotecas baseados no comportamento". Information technology and libraries, 2003, vol. 22, no. 4, p. 165-174. <http://www.ala.org/ala/lita/litapublications/ital/2204geyer.htm . [Acedido em: 23-08-2006]

Gómez-Pantoja Fernández-Salguero, Aurora; Pérez Pulido, Margarita (1998). "El concepto de privacidad en servicios bibliotecarios actuales". FESABID 98. VI Jornadas Españolas de Documentación: los sistemas de información al servicio de la sociedad. <http://fesabid98.florida-uni.es/Comunicaciones/a_gomez.htm>. [Consulta: 15-06-2006].

Guenther, Kim (2000). "Aplicação de princípios de extração de dados a uma coleção de dados de biblioteca". Computers in libraries, vol. 20, n.º 4, p. 60-63.

Hand, David; Mannila, Heikki; Smyth, Padric (2001). Principles of data mining. Cambridge: Instituto de Tecnologia de Massachusetts.

Hernández, Hilario (dir.) (2003). Las colecciones de las bibliotecas públicas en España: informe de situación. Salamanca: Fundação Germán Sánchez Ruipérez.

Hernández Orallo, José; Ramírez Quintana, Mª José; Ferri Ramírez, Cèsar (2004). Introdução à extração de dados. Madrid: Pearson - Prentice Hall.

Houghton, Sarah (2005). "Discussão sobre a biblioteca 2.0: Michael Squared. LibraryInBlack.net: recursos e discussões para os 'tech-librarians-by-default' entre nós... 19 de dezembro. <http://librarianinblack.typepad.com/librarianinblack/2005/12/library_20_disc.html>. [Acedido em 16-05-2006].

Kao, S.-C.; Chang, H.-C.; Lin, C.-H. (2003). "Apoio à decisão para a atribuição do orçamento de aquisição de uma biblioteca académica através da exploração de bases de dados de circulação". Information processing and management, n.º 39, p. 133-147. Conferência sobre descoberta de conhecimentos e extração de dados (KDD-95). <http://www-aig.jpl.nasa.gov/public/kdd95/>. [Acedido em: 1-05-2006].

Kohavi, Ron (2001). "Mineração de dados de comércio eletrónico: o bom, o mau e o feio". Conferência sobre Descoberta de Conhecimento em Arquivo de Dados: Actas da sétima Conferência Internacional ACM SIGKDD sobre Descoberta de Conhecimento e Extração de Dados. p. 8-13. <http://doi.acm.org/10.1145/502512.502518>. [Consulta: 1-05-2006].

More
Books!

info@omniscriptum.com
www.omniscriptum.com
OMNIScriptum

Printed by Books on Demand GmbH, Norderstedt / Germany